UX/UI PARA DESARROLLADORES: MÁS ALLÁ DEL CÓDIGO

Miguel Ángel Torres Pardo

© Miguel Ángel Torres Pardo

© Derechos de edición:
Nau Llibres
Periodista Badía 10. 46010 Valencia. Tel.: 96 360 33 36
E-mail: nau@naullibres.com - web: www.naullibres.com

Diseño de portada e interiores: Ilustración de cubierta:
   Artes Digitales Nau Llibres   @ryanking999

Imágenes e ilustraciones:
   Pág. 13. @nordenworks.gmail.com   Pág. 79 @PeopleImages.com
   Pág. 27 @VitalikRadko   Pág. 89 @golubovy
   Pág. 41 @alexdndz   Pág. 99 @REDPIXEL
   Pág. 53 @puhhha   Pág. 109 @leremy
   Pág. 67 @SpicyTruffel   Pág. 121 @KODY_KING

Imprime:
   Podiprint. Impreso en España. Printed in Spain.

ISBN13: 978-84-19755-75-9
Depósito Legal: V- 1876 - 2025

"Mutatio necessaria est",
el cambio es necesario

Índice

Prólogo

El diseño y desarrollo de interfaces no es solo un arte, es una ciencia. Es el puente que conecta las ideas más abstractas con las personas que las necesitan, transformando conceptos complejos en experiencias intuitivas. En el ámbito de los Desarrollos de Aplicaciones Multiplataforma (DAM), las interfaces representan mucho más que pantallas bonitas: son la puerta de entrada al corazón de cualquier aplicación. Este libro nace con el propósito de guiarte a través de ese fascinante proceso, desde los fundamentos esenciales hasta las técnicas más avanzadas, para que puedas crear interfaces no solo funcionales, sino memorables.

Mi recorrido profesional en el desarrollo de software y la formación de futuros desarrolladores me ha permitido observar de cerca los retos y las oportunidades que implica el diseño de interfaces. He aprendido que una interfaz bien diseñada no solo responde a las necesidades del usuario, sino que anticipa sus deseos, simplifica procesos y genera confianza. Por otro lado, he visto cómo una mala experiencia puede desmoronar incluso las soluciones técnicas más brillantes. Con este libro, quiero ayudarte a evitar esos errores y a dominar las herramientas y enfoques necesarios para destacar en este campo.

El desarrollo de interfaces para DAM no solo exige conocimientos técnicos, sino también una profunda comprensión de los usuarios, sus contextos y sus expectativas. Es una disciplina que requiere equilibrio: entre estética y funcionalidad, entre innovación y usabilidad, entre lo que podemos hacer y lo que realmente debemos hacer. A lo largo de estas páginas, compartiré contigo principios, estrategias y ejemplos prácticos que te ayudarán a encontrar ese equilibrio y a convertirte en un creador de interfaces que marcan la diferencia.

Espero que este libro no solo te enseñe, sino que también te inspire. Que encuentres aquí las respuestas que buscas y las preguntas que aún no te habías planteado. Porque, al final, diseñar una interfaz es como escribir una historia: cada pantalla, cada botón y cada interacción cuentan algo. Mi meta es que aprendas a contar esas historias de forma clara, útil y hermosa.

Bienvenido a este viaje hacia el desarrollo de interfaces que importan. Estoy emocionado de acompañarte en este camino y de ser testigo de las soluciones increíbles que crearás. El mundo necesita mejores interfaces, y creo firmemente que tú puedes ser parte de ese cambio.

Capítulo 1.

Introducción al desarrollo de interfaces

El desarrollo de interfaces es un campo transversal dentro de la informática que ha cobrado una especial relevancia en el **Desarrollo de Aplicaciones Multiplataforma (DAM)**. A medida que los sistemas operativos, los dispositivos y las necesidades de los usuarios se han diversificado, el diseño de interfaces efectivas y atractivas se ha convertido en un factor determinante para el éxito de cualquier producto de software. La calidad de la interfaz, la coherencia visual y la facilidad de uso repercuten de manera directa en la aceptación o el rechazo de una aplicación. Este capítulo se dedica a exponer, de forma detallada, los puntos esenciales para entender por qué el desarrollo de interfaces es tan crucial: desde su contextualización histórica y práctica en DAM hasta los conceptos de UI y UX, pasando por los principios básicos de usabilidad y los principales entornos y herramientas de prototipado y diseño gráfico.

1.1. Contextualización del desarrollo de interfaces en DAM

Al hablar de **Desarrollo de Aplicaciones Multiplataforma**, nos referimos a la creación de programas capaces de ejecutarse en diversos sistemas operativos (Windows, macOS, Linux) o dispositivos (smartphones, tablets, ordenadores de escritorio, incluso televisores inteligentes) con el mínimo esfuerzo de adaptación posible. Esta realidad tecnológica conlleva el desafío de diseñar interfaces que funcionen de manera fluida en contextos muy distintos. Sin embargo, antes de ahondar en los retos actuales, resulta ilustrativo repasar de dónde viene la noción de "interfaz" en la informática.

1.1.1. Breve historia y evolución de la interacción humano-computadora

La historia de la **interacción humano-computadora (HCI)** es la historia misma de cómo las personas han ido encontrando modos más naturales y eficaces de comunicarse con máquinas digitales. En sus comienzos, a mediados del siglo XX, las computadoras se manejaban físicamente mediante paneles de luces e interruptores o cargando tarjetas perforadas; eran procesos reservados a un colectivo muy técnico que entendía el hardware subyacente. Esa dificultad de acceso no solo limitaba el uso de estas máquinas, sino que también frenaba la evolución del propio software.

Con la aparición de los **terminales de texto** y las **líneas de comando (CLI)**, se dio el primer gran salto de usabilidad. Aunque todavía era necesario dominar comandos crípticos o secuencias de órdenes, la interacción se volvió más flexible: el usuario ya no tenía que manipular circuitos, sino únicamente escribir líneas de texto. Este modelo, sin embargo, seguía siendo poco intuitivo para un público general. Las personas que no tuvieran un perfil técnico encontraban la experiencia compleja y, a veces, frustrante, dado que era imprescindible memorizar sintaxis y parámetros de comandos.

El segundo gran hito llegó con la idea de la **interfaz gráfica de usuario (GUI)**, un concepto que se gestó en los laboratorios de Xerox PARC y que, más adelante, se popularizó con empresas como Apple y Microsoft. El uso de ventanas, íconos, menús y punteros supuso una metáfora mucho más cercana al mundo real. Al hacer clic con un ratón en un icono, se abría una carpeta o una aplicación, acción que cualquiera podía comprender sin necesidad de memorizar instrucciones. Este enfoque democratizó la computación, introduciendo la noción de "escritorio" y otras metáforas visuales que hoy nos resultan completamente cotidianas.

Más adelante, la explosión de la **World Wide Web** extendió la interactividad a un plano global. No se trataba solo de arrancar un sistema operativo local con su GUI, sino de navegar por páginas y servicios accesibles en todo el mundo, a través de navegadores que también tenían sus propios patrones de diseño. La interfaz empezó a demandar no solo comodidad local sino también rapidez de carga, compatibilidad entre diferentes versiones de navegadores y organización de la información de manera clara y consistente.

El fenómeno de los **teléfonos inteligentes y las tablets** desencadenó el siguiente gran salto. La interfaz dejó de depender exclusivamente de un teclado y un ratón para adoptar gestos táctiles, interacción con sensores de movimiento, el uso de cámaras, etc. Además, el mismo software debía adaptarse a pantallas de tamaños dispares y a sistemas operativos móviles como Android o iOS. Se inauguraba así el escenario multidispositivo que nutre los retos actuales de DAM.

Por último, la aparición y consolidación de **asistentes de voz** (Siri, Alexa, Google Assistant) y la **realidad aumentada/virtual** han planteado un nuevo marco donde la interacción puede incluso prescindir de pantallas o combinarse con elementos del mundo real. Todo ello revela que la historia de la HCI es un proceso de búsqueda constante de interacciones cada vez más naturales, inclusivas y universales.

I.I.2. Importancia del diseño de la interfaz para la experiencia de usuario

En el ecosistema de DAM, donde una misma aplicación debe lucir y comportarse correctamente en múltiples entornos, diseñar la interfaz no es una tarea superficial ni un mero añadido de última hora. La interfaz es el principal puente de comunicación entre la lógica interna del software y la persona que pretende resolver un problema o satisfacer una necesidad. Si la interfaz no está bien concebida, el usuario puede que no entienda cómo se operan ciertas funciones, pierda tiempo buscando secciones mal etiquetadas o deba realizar un gran número de pasos para lograr algo sencillo.

Por tanto, un diseño de interfaz cuidadoso impacta directamente en la **experiencia de usuario (UX)**. En primer lugar, condiciona la capacidad de la persona para aprender y dominar la herramienta. Cuanto más clara sea la estructura de menús, la distribución de elementos y la retroalimentación que ofrezca el sistema, menos confusiones y errores se producirán. A su vez, una interfaz bien diseñada promueve la eficiencia: facilita que el usuario alcance sus objetivos de manera rápida y con un menor esfuerzo, disminuyendo la tasa de abandono o de solicitudes de soporte.

Además, en el mundo multiplataforma, la interfaz también debe acomodarse a las **convenciones y lineamientos** de cada sistema operativo. Los usuarios esperan que en Android los botones de navegación aparezcan de una determinada manera, que en iOS los gestos de retroceso funcionen con cierta coherencia y que en un escritorio Windows existan menús desplegables con ciertas convenciones. Un buen desarrollador de DAM atiende esas expectativas y ofrece, al mismo tiempo, una identidad unificada de la aplicación, de modo que los usuarios reconozcan el software independientemente de dónde lo ejecuten, pero sin sentir que está fuera de lugar en su dispositivo.

Por último, el diseño de la interfaz no se limita a la parte meramente visual. Hay que tener en cuenta la **accesibilidad** para personas con discapacidad visual, auditiva o motora, y contemplar la compatibilidad con ayudas como lectores de pantalla o teclados especializados. Esta dimensión inclusiva se ha ido consolidando como un estándar de calidad y, en muchos países, constituye incluso un requerimiento legal. En definitiva, si la aplicación presenta una accesibilidad bien implementada, podrá llegar a un público más amplio y ofrecer una experiencia satisfactoria también a quienes tengan necesidades especiales.

1.2. Conceptos básicos y terminología

Para adentrarnos en el desarrollo de interfaces, es fundamental conocer algunos de los términos más utilizados. No se trata de simple vocabulario, sino de ideas que marcan la forma en que se concibe, diseña y evalúa la interacción con los sistemas.

1.2.1. Definición de interfaz de usuario (UI)

El término **Interfaz de Usuario (UI)** suele asociarse directamente con el aspecto "físico" o tangible de la experiencia. Se refiere al conjunto de elementos visuales y/o interactivos con los que una persona puede "dialogar" con el sistema. Estos pueden incluir ventanas, menús, iconos, campos de texto, checkboxes, botones, barras de desplazamiento y, más recientemente, respuestas hápticas, gestos y controles por voz. Dentro de una aplicación multiplataforma, la UI abarca el layout en pantallas grandes y pequeñas, el modo oscuro o claro, el uso de tipografías coherentes y la forma en que se definen transiciones o animaciones.

Diseñar la UI implica una reflexión continua: **¿Dónde coloco tal botón para que el usuario lo encuentre sin dificultad? ¿De qué color pinto el texto para garantizar suficiente contraste? ¿Cómo organizar los menús para no saturar la pantalla?** En un mundo donde las aplicaciones compiten por la atención de los usuarios, la UI se convierte en una carta de presentación. Si genera una impresión atractiva y organizada, existe mayor probabilidad de que la gente se anime a explorarla y, posteriormente, a adoptarla en su rutina.

1.2.2. Diferencias entre UI y UX (experiencia de usuario)

Aunque UI y UX vayan de la mano, no deben confundirse. La **User Experience (UX)** alude a la vivencia global que el usuario experimenta al interactuar con un sistema, una vivencia que incluye las emociones, la comodidad, la confianza y la satisfacción. La UI se concentra en los componentes concretos que conforman la capa de presentación, mientras que la UX contempla aspectos como la facilidad de uso, la navegabilidad, la retroalimentación, la fluidez del flujo de tareas e incluso el soporte postventa o la asistencia técnica.

Puede darse el caso de una interfaz muy hermosa a nivel visual (UI lograda), pero que presente una ruta excesivamente compleja para realizar una acción (UX deficiente). A la inversa, una aplicación puede solventar muy bien un problema (buena UX) pero lucir descuidada estéticamente o tener elementos desalineados (UI pobre). La meta última en DAM es equilibrar ambos campos: ofrecer un diseño atractivo y coherente, sin renunciar a la agilidad y simplicidad que definen una experiencia de usuario placentera.

I.2.3. Principios de usabilidad

Para que la UI y la UX converjan en un producto satis-factorio, existen pautas denominadas **principios de usa-bilidad**. A grandes rasgos, estos principios (o heurísticas) proponen que el sistema:

- **Informe de su estado en todo momento**: mostrar barras de progreso, destacar mensajes de error o con-firmación, etc.

- **Use un lenguaje y metáforas cercanas al usuario**, evitando tecnicismos innecesarios o iconos demasia-do abstractos.

- **Ofrezca control y libertad**, de modo que, si el usua-rio se equivoca, pueda deshacer acciones o rectificar sin complicaciones.

- **Mantenga consistencia**: si en una pantalla un botón de "Guardar" es azul, convendría mantener ese color y posición en otras partes de la app.

- **Prevenga errores**: si se requiere un formato de fecha concreto, indicar cómo debe introducirse antes de que el usuario cometa un fallo.

- **Reduzca la sobrecarga cognitiva**, por ejemplo, em-pleando menús claros, atajos y elementos reconoci-bles que no exijan memorizar múltiples pasos.

- **Facilite la recuperación ante errores** con mensajes explicativos y soluciones prácticas.

- **Sea minimalista**: cada componente en pantalla debe justificar su presencia; saturar al usuario con infor-mación irrelevante genera confusión.

- **Incluya ayuda contextual**: si hay funciones avan-zadas, brindar tutoriales, consejos en tiempo real o documentación accesible.

Estos principios, amplios y flexibles, inspiran la forma en que se conceptualiza y valida una interfaz, sirviendo de guía para evitar los errores más frecuentes de diseño.

I.3. Herramientas y entornos de desarrollo

Tras conocer la relevancia del diseño de interfaces y los fundamentos de UI/UX, la siguiente pregunta es: **¿Qué herramientas y metodologías se utilizan para materializar estas ideas en aplicaciones reales?** En el contexto del **Desarrollo de Aplicaciones Multiplataforma**, la respuesta abarca desde los entornos de programación clásicos hasta soluciones de prototipado rápido que permitan visualizar y validar la interfaz de manera temprana.

I.3.I. Visión general de entornos de programación y diseño

Cada plataforma (Android, iOS, Windows, etc.) ofrece, normalmente, un **IDE (Entorno de Desarrollo Integrado)** con su propio diseñador de interfaces. Por ejemplo, Android Studio facilita la creación de layouts en XML; Xcode, para iOS, permite trazar pantallas visualmente con Storyboards y SwiftUI. En el entorno de escritorio, Visual Studio y frameworks de .NET ofrecen formularios y editores WPF que simplifican la tarea de ubicar componentes y establecer enlaces de datos.

Sin embargo, trabajar por separado en cada plataforma conlleva un sobreesfuerzo de mantenimiento.

Por ello, existen **frameworks multiplataforma** como Flutter (con lenguaje Dart), React Native (JavaScript/TypeScript), Xamarin (C#) o Ionic (HTML5/JavaScript). Estas herramientas apuntan a compartir una base de código que luego se compila o adapta a cada sistema objetivo, manteniendo la coherencia esencial de la interfaz y reduciendo drásticamente la duplicación de esfuerzos. Aunque no siempre ofrecen la misma optimización que una app nativa, son muy valoradas en proyectos donde el factor "tiempo de llegada al mercado" es crítico o se requiere lanzar simultáneamente en diversas plataformas.

Además, en los últimos años se ha enfatizado el uso de metodologías ágiles (Scrum, Kanban) para la organización del trabajo. Estas metodologías sugieren la creación y revisión continua de la interfaz, permitiendo que los usuarios o stakeholders la prueben en etapas tempranas. De este modo, se pueden realizar ajustes con rapidez y minimizar el riesgo de desarrollar una UI que, al final del ciclo, resulte inadecuada para el público.

1.3.2. Herramientas de prototipado y edición gráfica

Junto a los entornos de programación, es casi indispensable contar con aplicaciones enfocadas al **prototipado**. Estas herramientas posibilitan dibujar, sin necesidad de programar, los distintos pantallazos de la aplicación, enlazar botones y simular flujos de navegación. Programas como **Figma**, **Adobe XD** o **Sketch** permiten a diseñadores y desarrolladores poner a prueba el diseño, compartirlo con un equipo para recibir retroalimentación y, en muchos casos, generar automáticamente parte del código de estilos o recursos que luego se volcarán al proyecto final.

El **prototipado de alta fidelidad** sirve para recrear la experiencia casi completa, llegando incluso a animaciones y transiciones realistas. Esta clase de prototipo, sometido a tests de usabilidad, aporta información valiosa para refinar la estructura y evitar "disparates" de diseño cuando ya se está en medio de la implementación. Por ejemplo, si se descubre que un usuario se confunde con la posición de los menús o no logra completar una tarea en un prototipo, es preferible arreglarlo ahí mismo, antes de que sea más costoso y tedioso cambiarlo en el código real.

En lo que respecta a la **edición gráfica**, se emplean aplicaciones como Adobe Photoshop, Illustrator, GIMP o Affinity Designer, entre otras. Allí se crean íconos, se definen paletas de colores, se retocan fotografías y se establecen los elementos de la identidad visual de la aplicación. Cuando el diseño se integra en un framework multiplataforma, el equipo debe asegurarse de que dichos recursos se ajusten a los estándares de resolución y formatos de cada sistema operativo: densidades de pantalla en Android, tamaños de iconos en iOS, etc.

Es común que, paralelamente, exista un sistema de control de versiones como **Git**, que facilite el trabajo colaborativo. Con Git, distintos miembros del equipo —diseñadores, desarrolladores, testers— pueden modificar archivos de la UI, crear ramas para prototipos experimentales y fusionar esos cambios tras la aprobación del conjunto. Esto aporta orden y transparencia, evitando que se pierdan horas de diseño o que dos personas sobrescriban el mismo archivo con cambios incompatibles.

1.4. Conclusiones

Este primer capítulo, centrado en la **Introducción al Desarrollo de Interfaces**, abarca una visión amplia que busca conectar la trayectoria histórica y conceptual de la HCI con la práctica concreta del DAM. Desde la época en que las computadoras eran inaccesibles para el gran público hasta los escenarios actuales de apps en móviles, tablets, ordenadores y wearables, la esencia de la interfaz se mantiene: mediar entre una persona con necesidades u objetivos y la "caja negra" de lógica o algoritmos que residen en el software.

En este repaso, hemos visto cómo la interfaz no solo se limita a la apariencia visual, sino que es parte de una estrategia mayor que comprende la experiencia global del usuario (UX), la usabilidad, la accesibilidad y la coherencia con las directrices y paradigmas de cada plataforma. Desarrollar aplicaciones multiplataforma implica, así, un reto mayor: coordinar cada uno de esos elementos para que el usuario final no perciba inconsistencias ni se sienta perdido al alternar entre distintos dispositivos.

La importancia del diseño de la interfaz para la experiencia de usuario se refleja en aspectos tangibles: el tiempo que tarda alguien en aprender a usar la aplicación, el nivel de satisfacción que experimenta o la frecuencia con la que se ve obligado a recurrir a asistencia o tutoriales. Y, en un mercado donde la oferta de software es abrumadora, una UI mal concebida puede derivar en un rápido abandono y en una reputación desfavorable.

Por último, las herramientas y entornos de desarrollo explicados otorgan un panorama de las posibilidades técnicas: entornos nativos para cada sistema, frameworks de desarrollo cruzado, suites de prototipado, editores gráficos para pulir los detalles estéticos y metodologías ágiles para gestionar la complejidad de los proyectos. Con todo ello, el profesional de DAM tiene a su disposición un conjunto de recursos que, usados adecuadamente, pueden dar vida a aplicaciones robustas y coherentes, capaces de satisfacer a usuarios muy diversos y de integrarse en la miríada de dispositivos que acompañan la vida cotidiana.

En los capítulos siguientes se profundizará en técnicas específicas de diseño, metodologías de test y validación de la interfaz, y ejemplos concretos de implementación multiplataforma, consolidando los conocimientos expuestos aquí. Sin embargo, la perspectiva general que hemos presentado sienta las bases de la relevancia del desarrollo de interfaces en DAM y de la necesidad de abordar esta disciplina con la misma o mayor dedicación que la lógica funcional interna, pues ambas convergen en un producto final que solo alcanzará el éxito si resulta útil y, sobre todo, usable para quienes lo utilizan.

Capítulo 2.

Fundamentos de usabilidad y experiencia de usuario

La usabilidad y la experiencia de usuario (UX) son dos pilares esenciales en el desarrollo de aplicaciones modernas. Mientras la usabilidad se centra en la facilidad con la que un usuario puede completar tareas específicas, la UX abarca todos los aspectos emocionales, de eficiencia y de satisfacción que surgen al interactuar con un producto digital. Este capítulo profundiza en los fundamentos que dan forma a ambas disciplinas, abordando desde los **principios de diseño centrado en el usuario**, pasando por las **heurísticas de usabilidad**, la **accesibilidad Web y las normativas** asociadas, hasta llegar a los **patrones de diseño de interfaz** más comunes. El objetivo es ofrecer una visión global que capacite al lector para entender y aplicar mejores prácticas que promuevan la efectividad y la satisfacción de los usuarios en sus proyectos de desarrollo de interfaces.

2.1. **Principios de diseño centrado en el usuario**

El diseño centrado en el usuario (DCU), también llamado *User-Centered Design (UCD)*, es una filosofía y metodología que pone al usuario en el punto focal de cada decisión de diseño. En lugar de crear un producto basándose únicamente en suposiciones o en preferencias personales del desarrollador, el DCU se basa en un conocimiento profundo del contexto real en el que el software será usado, así como de las necesidades, motivaciones y limitaciones de quienes interactuarán con él. Este enfoque pretende evitar la creación de funcionalidades superfluas o confusas y, en su lugar, optimizar la experiencia global mediante la comprensión genuina de lo que los usuarios esperan y necesitan.

2.1.1. Identificación de necesidades y perfil de usuario

El primer paso dentro de un proceso de DCU consiste en **identificar con claridad quién utilizará el producto** y en **definir sus necesidades concretas**. Este ejercicio suele implicar varias técnicas de investigación, entre las que destacan:

- **Entrevistas y grupos de discusión:** Se habla directamente con usuarios potenciales o actuales para explorar sus expectativas, problemas y deseos. Estas conversaciones permiten descubrir puntos de dolor comunes, ideas de mejora, flujos de trabajo y metas cotidianas que el producto debería ayudar a lograr.

- **Cuestionarios y encuestas:** Especialmente útiles cuando se maneja un número amplio de participantes. Proporcionan una visión estadística sobre preferencias, nivel de satisfacción con soluciones existentes o rasgos demográficos que puedan influir en la interacción con la aplicación.

- **Observación y estudios de campo:** A veces, el simple hecho de observar cómo la gente realiza sus tareas diarias brinda información inestimable. Por ejemplo, si se desarrolla una aplicación de punto de venta, conviene ver en persona cómo los vendedores procesan transacciones y gestionar el inventario en el día a día.

- **Personas (arquetipos):** Una vez se recopila suficiente información, se crean "personas" que representan distintos tipos de usuarios, con sus respectivos contextos, objetivos y frustraciones. Estos arquetipos sirven de referencia constante durante la toma de decisiones de diseño, evitando olvidar la diversidad de realidades que convivirán en la interfaz.

La identificación de las necesidades y el perfil de usuario debe plasmarse, idealmente, en documentos que describan escenarios de uso, prioridades funcionales y limitaciones tecnológicas. A menudo, se descubre que ciertos usuarios necesitan accesos directos por su alta frecuencia de uso, mientras que otros requieren tutoriales integrados o una interfaz simplificada para su nivel de experiencia. Gracias a esta segmentación, se logra un diseño más preciso y empático.

2.1.2. Iteraciones y validaciones en el ciclo de diseño

Otro principio fundamental del DCU es la **iteración constante**. El diseño centrado en el usuario se concibe como un ciclo continuo de prototipado, validación y mejora. En lugar de esperar a terminar todo el desarrollo para probarlo con la audiencia real, se generan versiones preliminares (por ejemplo, prototipos de papel, wireframes o maquetas digitales de alta fidelidad) y se exponen a los usuarios en etapas tempranas del proyecto.

Esta práctica permite obtener retroalimentación inmediata: se detectan confusiones en la distribución de menús, problemas de nomenclatura, botones mal ubicados o pasos innecesarios en un flujo de trabajo. Con esas observaciones, el equipo de diseño refina la propuesta y crea una nueva iteración del prototipo. De este modo, se reducen los riesgos de que, tras meses de desarrollo, se descubra que la interfaz no se ajusta a las necesidades del mercado objetivo.

La retroalimentación puede venir de diversos canales: pruebas de usabilidad moderadas o no moderadas, donde se invita a personas a interactuar con la interfaz y se observa su comportamiento; cuestionarios rápidos sobre un prototipo para medir la comprensión de la iconografía; o simplemente encuentros periódicos con un grupo de usuarios clave para debatir funcionalidades nuevas. Al mantener un bucle continuo de validaciones, el diseño evoluciona con bases sólidas y se incrementa la probabilidad de éxito al lanzar la versión final al mercado.

2.2. Heurísticas de usabilidad

Las **heurísticas de usabilidad** son principios o guías genéricas que sirven para evaluar si una interfaz cumple con criterios de facilidad de uso. Ayudan a identificar problemas y a proponer soluciones, incluso cuando no se dispone de un estudio exhaustivo de usuarios. Aunque múltiples investigadores han formulado heurísticas, las más conocidas son las de Jakob Nielsen, un referente en la disciplina.

2.2.1. Principales criterios de usabilidad (Nielsen y otros)

Nielsen propuso una lista de diez heurísticas que describen aspectos fundamentales de un diseño usable. A continuación, se presentan las más destacadas, aunque existen adaptaciones y ampliaciones según el contexto:

1. **Visibilidad del estado del sistema:** El usuario siempre debe saber qué está ocurriendo. Por ejemplo, barras de progreso o mensajes que indiquen que la aplicación está procesando datos.

2. **Correspondencia entre el sistema y el mundo real:** El lenguaje, los símbolos y las metáforas deben ser familiares y evitar la jerga técnica innecesaria.

3. **Control y libertad del usuario:** Es esencial poder deshacer o rehacer acciones, y no forzar pasos irreversibles sin confirmación.

4. **Consistencia y estándares:** El diseño debe mantener patrones uniformes y apegarse a convenciones establecidas en la plataforma.

5. **Prevención de errores:** Es preferible impedir que los usuarios cometan errores graves a tener que mostrar mensajes de error tras el fallo.

6. **Reconocimiento antes que memorización:** Los menús, etiquetas y contenidos deberían estar siempre visibles o ser fáciles de invocar, de modo que el usuario no dependa de su memoria para recordar comandos.

7. **Flexibilidad y eficiencia de uso:** Los atajos, la personalización y los modos avanzados deben ofrecerse sin entorpecer la usabilidad de quienes están aprendiendo.

8. **Diseño estético y minimalista:** Se recomienda no sobrecargar la interfaz con información o adornos superfluos que distraigan de la tarea principal.

9. **Ayudar a reconocer, diagnosticar y recuperarse de errores:** Los mensajes de error han de ser claros, describir qué sucedió y proponer soluciones o pasos correctivos.

10. **Ayuda y documentación:** Incluso si el diseño es intuitivo, en ocasiones se requiere un soporte adicional; una buena documentación o tutorial integrado puede marcar la diferencia.

Otros autores han expandido estas ideas incorporando aspectos de accesibilidad o elementos propios del entorno móvil. Lo esencial es contar con un marco de referencia que oriente la construcción o evaluación de la interfaz de cara a la usabilidad.

2.2.2. Aplicación de heurísticas en el desarrollo de interfaces

Las heurísticas de usabilidad suelen aplicarse de varias formas en el proceso de diseño y desarrollo. Una de las metodologías más habituales es la **evaluación heurística**, donde expertos en usabilidad recorren la interfaz y buscan identificar violaciones de estos principios. Es un método rápido y rentable, ya que no requiere pruebas con usuarios finales, aunque sí la experiencia de un evaluador entrenado.

Otra forma de integrarlas es en cada iteración de prototipado. El equipo de diseño, tras realizar un boceto o maqueta, repasa los principios heurísticos y hace ajustes inmediatos. Por ejemplo, al encontrar demasiada información en una pantalla, se decide dividirla o agruparla en secciones para evitar sobrecarga cognitiva. O, si se constata una inconsistencia en los iconos o etiquetas, se unifica la terminología.

La aplicación de heurísticas no sustituye, sin embargo, la validación con usuarios reales. Sirve más bien como un "primer filtro" que garantiza un nivel mínimo de calidad en la usabilidad. Posteriormente, las pruebas de usuario confirmarán si, en un escenario auténtico, la interfaz se comporta tal y como se había planeado.

2.3. Accesibilidad Web y normativa

La **accesibilidad** se refiere a la capacidad de un producto digital para ser utilizado por el mayor número posible de personas, incluidas aquellas con diversidad funcional (visual, auditiva, motora o cognitiva). Garantizar la accesibilidad no solo es una buena práctica ética y de inclusión, sino que en muchos países constituye una exigencia legal para Webs y aplicaciones de la administración pública o de servicios esenciales.

2.3.1. WCAG (Web Content Accessibility Guidelines)

El principal referente normativo para la accesibilidad Web son las **WCAG (Web Content Accessibility Guidelines)**. Elaboradas por el W3C (World Wide Web Consortium), estas pautas proporcionan un conjunto de recomendaciones para que un sitio Web o aplicación sea accesible a un amplio espectro de usuarios. Se agrupan en cuatro principios básicos: el contenido debe ser **perceptible**, **operable**, **comprensible** y **robusto**.

- **Perceptible:** Asegurar que la información se presente de maneras que todos puedan percibir. Por ejemplo, texto alternativo para imágenes, subtítulos en vídeos o suficiente contraste de color entre el texto y el fondo.
- **Operable:** Facilitar la navegación y el uso mediante teclado u otros dispositivos de entrada, así como prevenir interacciones que requieran tiempos de reacción imposibles para algunos usuarios.
- **Comprensible:** Emplear un lenguaje claro, organizar la información de forma coherente y predecible, ofre-

cer ayuda contextual y, en caso de errores, mostrarlos de modo entendible.

- **Robusto:** Diseñar el contenido de modo que sea interpretable por un amplio abanico de agentes de usuario, como lectores de pantalla, y que se adapte a futuras tecnologías de asistencia.

Estas directrices se publican en distintos niveles de cumplimiento (A, AA, AAA), siendo AA el que generalmente se exige en ámbitos institucionales y gubernamentales. Adoptar las WCAG no solo beneficia a las personas con discapacidad, sino que también mejora la experiencia general para todo usuario, al clarificar la estructura, el diseño y la navegación.

2.3.2. Adaptaciones para usuarios con necesidades especiales

Más allá de las WCAG, existen medidas específicas que pueden implementarse para atender necesidades especiales:

- **Lectores de pantalla:** Proveer descripciones alternativas (atributos alt), usar etiquetas adecuadas en formularios y permitir saltar secciones con enlaces de "Ir al contenido principal".
- **Control por teclado:** Asegurar que toda la funcionalidad sea accesible sin ratón, con un enfoque correcto al tabular y con elementos destacados visualmente cuando son seleccionados.
- **Adaptaciones motoras:** Ajustes en la interfaz para usuarios que emplean dispositivos de entrada como trackballs, pulsadores o sistemas de reconocimiento de voz. Evitar acciones que requieran precisión excesiva.

- **Audio y subtítulos:** Para personas con dificultades auditivas o cognitivas, es esencial habilitar subtítulos, transcripciones y la capacidad de detener o ralentizar reproducciones automáticas.

En el desarrollo de interfaces multiplataforma, estas adaptaciones se complican, pues cada sistema operativo maneja un conjunto distinto de APIs y estándares de accesibilidad. Aun así, el principio general consiste en seguir lineamientos que garanticen la igualdad de oportunidades para cualquier usuario, independientemente de sus limitaciones o circunstancias.

2.4. Patrones de diseño de interfaz

Los patrones de diseño son soluciones probadas a problemas recurrentes de usabilidad. Funcionan como atajos cognitivos para el diseñador, ya que ofrecen una base sólida donde apoyar la construcción de flujos o componentes, acelerando y homogeneizando el desarrollo.

2.4.1. Patrones más comunes (navegación, formularios, menús, etc.)

Algunos de los patrones de diseño de interfaz más habituales son:
- **Patrones de navegación:**
  - *Barra de pestañas (Tab Bar)* en la parte inferior de aplicaciones móviles para acceder rápidamente a secciones principales.

- *Menú hamburguesa* o lateral para desplegar opciones secundarias.
- *Breadcrumbs* (migas de pan) para mostrar la ruta jerárquica en sitios con muchas secciones.
- *Scrollable navigation bars* cuando el espacio es limitado y se requiere deslizar horizontalmente para ver más opciones.

- **Patrones de formulario:**
  - *Single-column forms*, con todos los campos dispuestos verticalmente para evitar confusiones.
  - *Wizards* o secuencias de varios pasos cuando la información es extensa o requiere validaciones progresivas.
  - *Inline validation*, donde el sistema alerta inmediatamente si un campo está mal rellenado.

- **Patrones de menús contextuales y emergentes:**
  - *Context menus* al hacer clic derecho (o equivalente táctil) para mostrar acciones relevantes al elemento seleccionado.
  - *Modals* o cuadros de diálogo para operaciones que requieran enfoque total del usuario, como confirmaciones críticas.
  - *Tooltips* emergentes al pasar el cursor sobre un icono, ofreciendo una explicación adicional sin recargar la interfaz principal.

- **Patrones de feedback y notificaciones:**
  - *Snackbars* y *toasts* para avisos breves sin interrumpir por completo la actividad (muy comunes en móvil y diseño Web actual).
  - *Alertas nativas* o *Dialog boxes* cuando se requiere la atención inmediata del usuario para aceptar, rechazar o configurar opciones.

Estos patrones se han vuelto estándar porque resuelven problemas concretos de manera intuitiva, respetando convenciones consolidadas en distintas plataformas. Emplearlos ahorra tiempo y reduce el riesgo de confundir al usuario con mecanismos originales, pero poco convencionales.

2.4.2. **Ejemplos prácticos y recomendaciones**

Para ilustrar la implementación de patrones de interfaz, podríamos imaginar el diseño de una aplicación de comercio electrónico. En la parte superior, encontramos una barra de búsqueda persistente y un ícono de carrito, ambos patrones reconocibles que el usuario espera en este tipo de apps. Al presionar el ícono del menú, se despliega un panel lateral con secciones como "Categorías", "Ofertas" y "Mi cuenta". Cada categoría lista productos en tarjetas visualmente atractivas; al tocarlas, aparece una vista de detalles con opciones para agregar al carrito o leer reseñas.

Si el usuario pasa a la sección "Mi cuenta", un wizard lo guía en la configuración de sus datos personales, comprobando en tiempo real la validez del correo electrónico, la fortaleza de la contraseña y ofreciendo una sugerencia de autocompletar para la dirección. Tras enviar el formulario, un snackbar confirma que la información se guardó con éxito. Este diseño recurre a múltiples patrones ya establecidos: la barra de navegación, el menú lateral, el wizard de formulario con inline validation y los mensajes de estado que no interrumpen la experiencia.

Como recomendación general, conviene asegurarse de **no mezclar demasiados patrones a la vez**. Un exceso de menús, pop-ups o wizards simultáneos puede ocasionar caos y complicar la experiencia en lugar de mejorarla. Además, siempre se debe considerar la plataforma: en entornos de escritorio, es más natural ver menús desplegables tradicionales; en móvil, suele ser preferible un menú tab inferior o uno lateral para maximizar el espacio útil de la pantalla.

2.5. Conclusiones

En este **Capítulo 2**, titulado *Fundamentos de usabilidad y experiencia de usuario*, se han planteado las bases teóricas y prácticas que todo desarrollador o diseñador de interfaces debería conocer. El **diseño centrado en el usuario (DCU)** nos recuerda la importancia de investigar y entender a quienes emplearán el producto, de modo que cada elemento de la interfaz responda a necesidades reales y no a simples suposiciones. A lo largo de ciclos iterativos, podemos validar hipótesis de manera temprana y continuar refinando la propuesta hasta alcanzar niveles altos de aceptación y eficiencia.

Las **heurísticas de usabilidad**, particularmente las de Nielsen, sirven como brújula para una primera evaluación de la coherencia y claridad de nuestra interfaz, mientras que la **accesibilidad** emerge como un componente ineludible en cualquier producto que aspire a ser inclusivo y cumplir normativas internacionales. En un mundo cada vez más consciente de la diversidad funcional, la adopción de pautas como las WCAG se torna prioritaria, garantizando que la experiencia de usuario sea satisfactoria para la mayor cantidad de personas.

Por último, la revisión de **patrones de diseño de interfaz** ilustra de forma concreta cómo problemas de uso comunes pueden encontrar soluciones reutilizables y reconocibles. Tanto en la navegación como en la gestión de formularios, menús contextuales o mecanismos de notificación, estos patrones facilitan la consistencia y reducen la ambigüedad. Al adoptarlos con criterio y sentido de la simplicidad, se consigue ofrecer un marco familiar que, sin sacrificar identidad propia de la aplicación, evite la curva de aprendizaje brusca para el usuario.

El estudio de los fundamentos de usabilidad y experiencia de usuario, por tanto, no se limita a un componente meramente estético o teórico, sino que repercute directamente en el éxito de cualquier iniciativa de desarrollo. Una interfaz que respete los principios descritos en este capítulo generará mayor confianza, satisfacción y lealtad en quienes la utilizan, traduciéndose en valor añadido y diferenciación en un mercado saturado de productos digitales. En el siguiente capítulo, profundizaremos en estrategias y técnicas de validación práctica de la interfaz, explorando metodologías de pruebas con usuarios y herramientas de análisis de interacción que solidifican aún más los cimientos aquí presentados.

Capítulo 3.

Lenguajes y tecnologías de marcado para interfaces

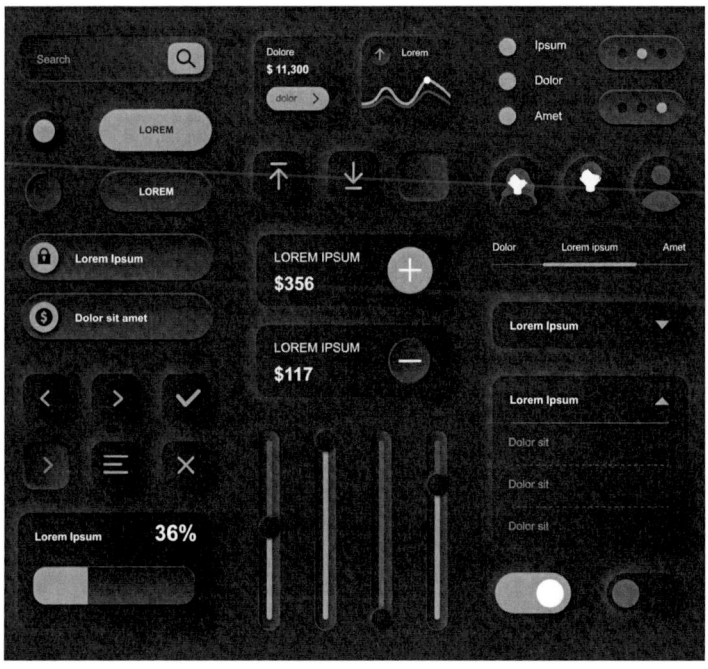

El desarrollo de interfaces para la Web se fundamenta en un conjunto de lenguajes y tecnologías de marcado que permiten estructurar, presentar y adaptar contenidos de manera eficiente. Al adentrarnos en este capítulo, nos sumergiremos en los conceptos claves alrededor de **HTML, CSS** y los **frameworks** más utilizados en la industria, profundizando en cómo estos recursos se combinan para producir páginas y aplicaciones Web de gran calidad, accesibles desde múltiples dispositivos y navegadores. Además, revisaremos las **buenas prácticas** y las normativas de **compatibilidad** que facilitan una experiencia coherente para todos los usuarios.

3.1. HTML y sus versiones

3.1.1. Estructura básica de un documento HTML

El **HyperText Markup Language** (HTML) es el pilar fundamental de la Web. Actúa como el "esqueleto" que define la organización y el significado de los elementos en una página, permitiendo que los navegadores y otras herramientas interpreten y muestren el contenido de forma coherente. A lo largo del tiempo, han surgido diversas versiones de HTML, con mejoras y añadidos que buscan facilitar la creación de interfaces más semánticas y accesibles.

Un documento HTML típico inicia con la declaración de tipo (<!DOCTYPE html>), que informa al navegador sobre la versión o el modo de interpretación. Seguido a ello, se dispone la estructura general, dividida en dos secciones clave: <head> y <body>. En el **head**, se incluyen metadatos, enlaces a hojas de estilo, scripts o información relevante para el navegador y los motores de búsqueda. En el

body, en cambio, se ubica todo aquello que el usuario verá e interactuará: texto, imágenes, formularios, botones, menús de navegación, etcétera.

Un ejemplo básico de esta estructura podría lucir así:

```
<!DOCTYPE html>
<html lang="es">
<head>
<meta charset="UTF-8">
<title>Mi Primera Página</title>
</head>
<body>
<h1>¡Hola, mundo!</h1>
<p>Esta es mi primera página HTML.</p>
</body>
</html>
```

En el desarrollo contemporáneo, la versión de referencia es **HTML5**, que introduce una serie de elementos semánticos (por ejemplo, <header>, <footer>, <nav>, <article>, <section>) y nuevas API (canvas, audio, video) que facilitan la organización del contenido y la creación de interfaces más ricas. Aunque muchas etiquetas "clásicas" se mantienen vigentes, HTML5 anima a los desarrolladores a adoptar estos nuevos elementos para describir mejor la estructura y el significado de cada sección de la página.

3.1.2. Elementos semánticos y buenas prácticas

La **semántica** en HTML consiste en elegir las etiquetas que correspondan al propósito real de cada bloque de contenido. Si el desarrollador necesita encapsular un párrafo que representa una sección informativa independiente, puede optar por <section>; si crea un encabezado principal con el título de la página, usar <header>; si añade una sección de navegación, <nav>, y así sucesivamente. Estas convenciones semánticas mejoran la accesibilidad para personas que emplean lectores de pantalla y facilitan que los motores de búsqueda comprendan con mayor precisión la temática de la página.

Las buenas prácticas también abarcan la inclusión de atributos adecuados. Por ejemplo, el atributo alt en las etiquetas <img> describe la imagen para usuarios que no pueden visualizarla, o para situaciones donde la conexión es tan lenta que impide su descarga. Asimismo, se recomienda no abusar de elementos genéricos como <div> cuando existen etiquetas específicas que describen mejor la intención de la sección (por ejemplo, <section> o <article>). Mantener un orden lógico en los encabezados <h1> a <h6>, usando solo un <h1> principal, también contribuye a la coherencia y a la usabilidad.

De esta manera, HTML deja de ser un simple contenedor de texto y enlaces para transformarse en el cimiento de un **documento accesible y semántico**, base sobre la cual se monta la capa visual (CSS) y la lógica de interacción (JavaScript u otras tecnologías).

3.2. CSS y diseño responsivo

3.2.1. Selectores, propiedades y jerarquía

El **Cascading Style Sheets (CSS)** es el lenguaje que dota de presentación y estilo al contenido definido en HTML.

Por medio de CSS, los desarrolladores controlan la apariencia de la página: colores, tipografías, tamaños y disposición de los elementos. La esencia de CSS radica en sus
selectores y **propiedades**. Los selectores identifican qué
partes del documento (elementos HTML, clases, identi-
ficadores, pseudoelementos) serán estilizadas, mientras
que las propiedades especifican cómo lucirán (color, mar-
gen, borde, etc.). Por ejemplo:

```
h1 {
color: #333;
text-align: center;
}
.intro {
font-size: 1.2rem;
line-height: 1.4;
}
```

Aquí, h1 es un selector de etiqueta que afecta a todos
los encabezados de nivel 1; .intro se refiere a cualquier elemento con la clase "intro". La "C" de "Cascading" subraya
que las reglas se aplican en cascada, resolviendo conflictos
según la **jerarquía** de especificidad. Así, un **ID** (#miID) tiene más prioridad que una **clase** (.clase), y esta más que un
selector de etiqueta (p, h1, etc.). La última regla definida
también puede sobrescribir a reglas anteriores si ambas
tienen la misma especificidad.

La correcta organización de CSS es crucial para mantener la escalabilidad de un proyecto. Los arquitectos
de front-end suelen manejar metodologías como **BEM
(Block, Element, Modifier)**, **SMACSS** o **OOCSS**, que imponen convenciones de nomenclatura y organización de
archivos para evitar colisiones entre reglas, duplicaciones
o engorrosos "hackeos" de especificidad.

`3.2.2.` Diseño adaptable a múltiples dispositivos (Responsive Web Design)

Con la explosión de la navegación móvil, surgió la necesidad de que los sitios Web se adaptaran automáticamente a distintos tamaños de pantalla, resoluciones y orientaciones. Es lo que se conoce como **diseño responsivo o Responsive Web Design (RWD)**. La piedra angular de esta técnica se basa en:

1. **Fluid Grids (rejillas fluidas):** Se definen anchos y distancias en porcentajes o unidades relativas (como vw, em, rem), en vez de píxeles fijos, permitiendo que los elementos se escalen al tamaño disponible.

2. **Media Queries:** Estas instrucciones CSS condicionan la aplicación de ciertos estilos a las características del dispositivo (ancho de la ventana, densidad de píxeles, etc.).

   Por ejemplo:

```
@media (max-width: 600px) {
nav ul {
flex-direction: column;
}
}
```

   Así, cuando el ancho sea menor o igual a 600 píxeles, el menú se reorganizará en vertical.

3. **Imágenes y elementos flexibles:** Las imágenes y los videos se configuran para escalar o recortarse adecuadamente en pantallas pequeñas. Por ejemplo, usar max-width: 100%; height: auto; evita que una imagen desborde el contenedor.

Con RWD, el mismo código HTML y CSS puede servir a móviles, tablets y pantallas de escritorio. La idea es garantizar que el usuario disfrute de una experiencia consistente, sin requerir desplazamientos horizontales o dificultarle la lectura. Gracias a esta aproximación, se evita crear versiones separadas para móvil y escritorio, unificando el mantenimiento y la coherencia de la marca.

3.3. Frameworks y librerías CSS

3.3.1. Bootstrap, Tailwind, Material Design, etc.

Para agilizar el desarrollo de interfaces, la comunidad ha creado numerosos **frameworks y librerías CSS** que ofrecen componentes predefinidos, una arquitectura escalable de estilos y utilidades para el diseño responsivo. Entre los más populares destacan:

- **Bootstrap:** Originalmente desarrollado por Twitter, se enfoca en un sistema de rejilla (grid) robusto y en una amplia gama de componentes (botones, menús, modales, alertas, formularios, etc.). Permite crear prototipos de forma muy rápida, y su enfoque "mobile-first" facilita la adaptación a pantallas pequeñas. Además, cuenta con gran soporte y una comunidad activa.

- **Tailwind CSS:** Se caracteriza por ser un framework "utility-first", es decir, en lugar de ofrecer componentes listos con estilos definidos, proporciona clases de utilidad para ajustar dimensiones, colores, tipografía y espaciados. El desarrollador compone la interfaz a través de estas utilidades, lo que brinda una gran flexibilidad y evita sobrecarga de estilos no usados.

- **Material Design (MD):** Más que un framework, es un sistema de diseño propuesto por Google que provee directrices visuales y de interacción, con sus correspondientes librerías CSS y JavaScript. Sus componentes tienen un aspecto "plano" y consisten en tarjetas, transiciones suaves, sombras sutiles y un enfoque minimalista que se integra bien con aplicaciones Android y entornos Web contemporáneos.

Existen otras opciones como **Bulma, Foundation** o **Semantic UI,** cada una con filosofías distintas. El rasgo común es que todas buscan resolver los problemas habituales de maquetación y estilizado, ahorrando horas de trabajo y manteniendo un diseño uniforme.

3.3.2. Ventajas e inconvenientes de su uso

La adopción de un framework CSS ofrece **ventajas evidentes**: se acelera el desarrollo, se garantiza un aspecto profesional y consistente, y se reduce la necesidad de "reinventar la rueda" al crear menús, formularios o grillas responsivas. Además, muchos frameworks son ampliamente conocidos por los equipos, lo que facilita la cooperación y la integración de nuevos miembros en los proyectos.

No obstante, **también hay inconvenientes**. Uno de los más señalados es la posible sobresaturación de estilos: a menudo, se cargan cientos de reglas CSS que no se usan en el proyecto final, aumentando el peso de la página. Además, en el caso de frameworks muy opinados, puede ser más difícil personalizar ciertos componentes para ajustarlos a una identidad de marca o un diseño único sin luchar contra la arquitectura del propio framework. Por otro lado, un uso inexperto puede acabar con páginas donde todas lucen prácticamente iguales, con la "huella" visible de esa librería.

Por ello, es recomendable evaluar el tamaño y necesidades de cada proyecto antes de decidirse por un framework determinado. A veces, resultará suficiente usar unas cuantas utilidades para rejillas y tipografías; otras, se requerirá la versatilidad de un paquete completo como Bootstrap o un sistema más minimalista como Tailwind. La clave está en evitar caer en la trampa de arrastrar dependencias excesivas que, con el tiempo, perjudiquen la performance o la personalización.

3.4. Compatibilidad y estándares Web

3.4.1. Validaciones W3C

Para asegurar la correcta interpretación de nuestras páginas, existen herramientas de **validación** ofrecidas por el **W3C (World Wide Web Consortium)**, organismo que regula estándares como HTML5 y CSS. Estas validaciones verifican que el código cumpla con la sintaxis y las directrices definidas en las especificaciones oficiales. En el caso de HTML, el **W3C Markup Validation Service** examina si cada etiqueta está bien anidada, si los atributos son válidos y si no se usan elementos obsoletos. Para CSS, el **W3C CSS Validation Service** revisa la conformidad de las reglas con la sintaxis establecida.

Cumplir con estas validaciones no garantiza automáticamente una excelente experiencia de usuario, pero sí minimiza problemas de compatibilidad, ya que los navegadores, en teoría, se comportan mejor con un documento bien formado. Asimismo, se evitan discrepancias por errores tipográficos o desuso de etiquetas eliminadas en versiones modernas de HTML. Aparte de la validación sintáctica, las herramientas de análisis de accesibilidad (como WAVE o AChecker) también pueden ayudar a comprobar aspectos relevantes para usuarios con discapacidad.

3.4.2. Soporte para navegadores y entornos móviles

Uno de los grandes desafíos en el desarrollo Web es la enorme variedad de navegadores y versiones que siguen en funcionamiento. Incluso con la popularidad de Chrome, Firefox, Safari o Edge, todavía existen usuarios que emplean versiones antiguas de Internet Explorer u otros navegadores secundarios. En entornos móviles, la fragmentación es igualmente notable, con variaciones de Android, iOS y navegadores preinstalados en distintas marcas de dispositivos.

Para sortear este escollo, es aconsejable adoptar una estrategia de **Progressive Enhancement (PE)**, que consiste en desarrollar primero la estructura y funcionalidad básica de la aplicación para luego agregar mejoras visuales o interactivas en aquellos navegadores que soporten las últimas características. De este modo, las versiones más obsoletas no verán colapsar la Web, sino que experimentarán una versión más simple, pero usable.

Herramientas como **Can I Use** permiten investigar rápidamente la compatibilidad de propiedades CSS, etiquetas HTML5 o API de JavaScript en navegadores y dispositivos concretos. Cuando se detecta un soporte limitado, se puede recurrir a *polyfills* —pequeños scripts que emulan la funcionalidad faltante— o a reglas condicionales. Sin embargo, hay un límite práctico en cuanto a cuánto se debe retroceder en la compatibilidad. Cada proyecto debe equilibrar el coste de asegurar soporte para navegadores muy antiguos con el porcentaje real de usuarios que aún los usan.

Al hablar de "estándares Web", también se engloban iniciativas como **ECMAScript** para JavaScript y especificaciones emergentes como **CSS Grid**, **Flexbox** o **Web Components**, que progresivamente amplían el repertorio de herramientas nativas para maquetar interfaces complejas. Adoptarlas en un proyecto de producción requiere investigar la tasa de adopción en los navegadores objetivo, pero ofrece la ventaja de eliminar la necesidad de dependencias externas, consiguiendo un código más ligero y sostenible.

3.5. Conclusiones

El recorrido por los **lenguajes y tecnologías de marcado** pone de manifiesto que la creación de interfaces Web es un proceso en el que coexisten varios niveles de detalle y consideración. Empezando por **HTML**, el andamiaje semántico garantiza que el contenido sea estructurado y accesible, sentando las bases para la adición de estilos. La fuerza de **CSS** se plasma en el control absoluto del aspecto y en la posibilidad de diseñar sitios adaptables a un espectro amplio de dispositivos, gracias al **Responsive Web Design**. A lo largo del camino, los **frameworks y librerías** ofrecen soluciones rápidas y escalables, aunque no exentas de matices que demandan un uso juicioso para no caer en la sobrecarga o la uniformidad.

Por último, la **compatibilidad y los estándares Web** actúan como el pegamento que asegura que, independientemente del navegador o la plataforma, la experiencia sea consistente y esté a la altura de las expectativas de los usuarios modernos. Validar el código y procurar un despliegue controlado para distintos contextos no solo fomenta un sitio más robusto, sino que también sienta las bases de la accesibilidad y la calidad global.

En el siguiente capítulo, exploraremos cómo se integra la lógica y la interactividad en estas interfaces mediante lenguajes como JavaScript y frameworks de mayor complejidad, complementando así el aspecto visual con funcionalidades más dinámicas y potentes. Sin embargo, es fundamental retener que ninguna capa de interacción brillará si la base de marcado (HTML y CSS) carece de semántica, orden y responsabilidad responsiva. Estas tecnologías constituyen, en definitiva, la piedra angular del desarrollo Web y la senda de acceso a experiencias digitales cada vez más versátiles y optimizadas.

Capítulo 4.

Introducción al desarrollo de interfaces dinámicas

A medida que la experiencia del usuario en la Web ha ido madurando, las **interfaces dinámicas** han tomado un rol protagónico. Ya no basta con mostrar información estática: los usuarios esperan respuestas inmediatas a sus acciones, interacciones fluidas y actualizaciones de contenido en tiempo real sin tener que recargar la página. En este capítulo, exploraremos las bases que permiten lograr estos comportamientos interactivos, con especial atención a la manipulación del **Document Object Model (DOM)** mediante **JavaScript**, el uso de eventos y el manejo de formularios. También revisaremos los frameworks más populares de JavaScript —Vue.js, React y Angular— explicando sus características principales y los criterios de selección en función del proyecto. Posteriormente, analizaremos el concepto de **Single Page Applications (SPA)**, sus ventajas y desafíos, y concluiremos con una serie de buenas prácticas para estructurar y mantener el código de manera ordenada y escalable.

4.1. Javascript en la interacción con el usuario

JavaScript se ha consolidado como el lenguaje esencial para la implementación de lógica en el **front-end** de aplicaciones Web. Gracias a su estrecha integración con el navegador, es posible modificar elementos del documento sobre la marcha, reaccionar a eventos como clicks o movimientos del ratón, validar formularios sin recargar la página y crear, en definitiva, experiencias dinámicas muy superiores a las de la "Web 1.0".

4.1.1. Manipulación del DOM

El **DOM (Document Object Model)** es una representación estructurada de la página HTML, expuesta como un árbol de nodos que el navegador genera internamente. Cada etiqueta —como <div>, <p>, <span>— se convierte en un "nodo" que JavaScript puede consultar, crear, eliminar o modificar en tiempo real. Esta manipulación se realiza mediante la API nativa del DOM, que ofrece métodos y propiedades para buscar nodos, alterar sus atributos o contenido, y modificar su posición en el árbol.

Por ejemplo, si queremos cambiar el texto de un elemento con el id mensaje, podemos escribir:

```
const mensaje = document.
getElementById('mensaje');
mensaje.textContent = 'Hola, mundo dinámi-
co';
```

Asimismo, si pretendemos crear un nuevo elemento y añadirlo al documento:

```
const nuevoParrafo = document.
createElement('p');
nuevoParrafo.textContent = 'Este párrafo
ha sido creado con JavaScript.';
document.body.appendChild(nuevoParrafo);
```

A través de estos mecanismos, se pueden implementar efectos tan variados como desplegar menús, renderizar listados de datos traídos de un servidor o añadir transiciones y animaciones basadas en eventos. No obstante, la manipulación del DOM —especialmente en aplicaciones complejas— puede volverse engorrosa si no se organiza el código con cuidado o si se realizan actualizaciones muy frecuentes, ya que el rendimiento podría verse afectado.

4.1.2. Eventos y manejo de formularios

Uno de los aspectos esenciales de la interactividad es el **manejo de eventos**. Un evento se dispara cuando el usuario realiza una acción (por ejemplo, hacer clic en un botón, pulsar una tecla, enviar un formulario) o cuando el sistema detecta un cambio (como terminar de cargar la página o la llegada de datos desde el servidor). JavaScript permite "escuchar" estos eventos y reaccionar en consecuencia, llamando a funciones específicas.

Para registrar un escuchador (event listener) en un elemento, se puede emplear:

```
const boton = document.
getElementById('miBoton');
boton.addEventListener('click', () => {
alert('¡Has hecho clic en el botón!');
});
```

El manejo de formularios es un caso particular y muy común en las interfaces Web. Podemos interceptar la acción de "submit" para validar la información introducida por el usuario antes de enviarla al servidor, prevenir el envío si detectamos datos inválidos o manipularlos para proporcionar retroalimentación inmediata (por ejemplo, mostrando mensajes de error en campos específicos). Estas validaciones en el **front-end** ahorran tiempo al usuario, ya que evitan que recargue la página para descubrir que hay un error en su formulario.

Además, JavaScript puede aprovechar la **API Fetch** o tecnologías como **XMLHttpRequest** (XHR) para enviar y recibir datos de manera asíncrona, lo que se conoce popularmente como "AJAX". De esta forma, se puede actualizar parte de la interfaz con la respuesta del servidor sin recargar por completo la página, fortaleciendo la sensación de fluidez.

4.2. Frameworks y librerías de javascript

A medida que las aplicaciones Web crecían en complejidad, las limitaciones de la manipulación manual del DOM y la creciente necesidad de escalabilidad y mantenibilidad impulsaron la creación de **frameworks** y **librerías** de JavaScript. Estas herramientas proporcionan una estructura y un conjunto de convenciones para desarrollar interfaces de forma más organizada y eficiente. Actualmente, tres grandes protagonistas dominan el panorama: **Vue. js**, **React** y **Angular**.

4.2.1. Vue.js, React, Angular (características generales)

• **Vue.js**

Vue.js es conocido por su curva de aprendizaje suave y su capacidad para combinar de manera armónica el enfoque de componentes con la facilidad de integración en proyectos existentes. Emplea un sistema de reactividad que detecta cuándo cambian los datos y actualiza el DOM de forma inteligente. Vue.js introduce una sintaxis clara y concisa para enlazar datos y métodos, y se puede usar tanto para añadir funcionalidades puntuales a una página como para construir aplicaciones completas con un ecosistema de routing, manejo de estados y más.

- **React**

  Creado por Facebook, React se define a sí mismo como una "librería" más que un framework, centrándose en la capa de vista (UI). Su piedra angular es la noción de **componentes** declarativos y de un **DOM virtual** (Virtual DOM) que compara estados previos y posteriores para aplicar cambios optimizados en el DOM real. Las interfaces en React se describen usualmente en **JSX**, una combinación de JavaScript y sintaxis XML que facilita la lectura y la escritura de componentes. React deja a elección del desarrollador el uso de librerías adicionales para enrutamiento, gestión de estado global (Redux, MobX) o acceso a servicios.

- **Angular**

  Esta es una reescritura completa del anterior AngularJS, promovida por Google. Angular ofrece un enfoque "todo en uno", incluyendo su propio enrutador, inyección de dependencias, tipado en TypeScript y un fuerte énfasis en la arquitectura basada en componentes y módulos. Aunque tiene una curva de aprendizaje más pronunciada que Vue.js o React, ofrece soluciones integrales para proyectos de gran envergadura, donde la consistencia y la escalabilidad resultan críticas.

Cada tecnología viene acompañada de un ecosistema robusto —con plugins, bibliotecas de terceros y herramientas de desarrollo— que incide en la productividad y la calidad del resultado. Así, el equipo de desarrolladores puede escoger la opción que mejor se ajuste a su experiencia y a los requisitos del proyecto.

4.2.2. Elección y criterios de selección

Elegir un framework o librería de JavaScript no es una tarea trivial; hay que valorar diversos aspectos:

1. **Tamaño y complejidad del proyecto:** Para proyectos grandes, Angular puede ofrecer una estructura sólida por su naturaleza integral. Para proyectos más livianos o progresivos, Vue.js suele resultar más flexible.

2. **Experiencia y curva de aprendizaje del equipo:** React y Vue.js gozan de una curva de aprendizaje relativamente rápida, mientras que Angular exige mayor inversión inicial, aunque recompensa con un sistema de trabajo robusto a largo plazo.

3. **Ecosistema y comunidad:** La popularidad de React y Angular asegura abundancia de plugins, tutoriales y soporte. Vue.js, aun creciendo de forma acelerada, también cuenta con una comunidad cada vez más amplia.

4. **Mantenimiento y soporte futuro:** Es útil analizar la evolución de cada herramienta, su roadmap, frecuencia de actualizaciones y patrocinadores (Facebook para React, Google para Angular, comunidad open source para Vue.js).

5. **Tipo de aplicación:** Para aplicaciones con mucho dinamismo en la interfaz y fuerte interacción de datos, React o Vue.js pueden ser muy convenientes. Angular resulta ideal cuando se requieren mecanismos robustos de inyección de dependencias, testeos y separación de capas.

En última instancia, no existe una respuesta universal: cada entorno posee fortalezas y debilidades. La clave es realizar un análisis objetivo y sopesar factores como escalabilidad, plazo, recursos humanos disponibles y la naturaleza de la aplicación.

4.3. Diseño y desarrollo de single page applications (SPA)

Uno de los resultados más característicos del uso intensivo de frameworks de JavaScript es el auge de las **Single Page Applications (SPA)**. A diferencia de la aproximación clásica, donde cada clic en un enlace genera una nueva petición HTTP y recarga la página, las SPA cargan inicialmente la estructura y la lógica básica de la aplicación, y luego intercambian datos con el servidor de manera asíncrona.

4.3.1. Concepto de SPA

En una **SPA**, la navegación entre diferentes "páginas" o secciones se maneja desde el lado del cliente (JavaScript). El DOM se va actualizando según la ruta elegida y la información solicitada, sin que el navegador realice una recarga total de la página. De este modo:

1. El servidor envía un documento HTML base y los archivos CSS y JavaScript.

2. Una vez cargados en el navegador, la aplicación inicia y, gracias a un enrutador interno (por ejemplo, react-router en React, vue-router en Vue.js o el router incorporado en Angular), la URL cambia de forma virtual (manipulando el history API), y la SPA construye o modifica componentes para cada vista solicitada.

3. Cuando la SPA requiere datos (por ejemplo, un listado de artículos o detalles de un usuario), realiza peticiones AJAX o fetch al servidor (comúnmente a una API REST) y refresca únicamente la parte de la interfaz que corresponde al contenido solicitado.

Este flujo dota al usuario de una sensación de inmediatez y fluidez, recordando un poco la experiencia de aplicaciones de escritorio o móviles. Además, la SPA puede almacenar temporalmente datos en memoria, reduciendo la necesidad de repetidas consultas al servidor.

4.3.2. Beneficios y retos de las aplicaciones de una sola página

Beneficios principales:

- **Velocidad percibida:** La mayor parte de la carga se hace al inicio; después, las transiciones entre secciones son instantáneas, ya que solo se renderiza dinámicamente la parte alterada.

- **Experiencia más fluida y cercana a apps nativas:** Debido a que no hay recargas completas, la continuidad es mayor y se pueden implementar animaciones y transiciones suaves.

- **Front-end desacoplado:** Las SPA suelen consumir datos de una API, liberando al servidor de la responsabilidad de generar vistas. Esto facilita la separación de roles y escalabilidad del backend.

Retos y desventajas:

- **SEO y rastreo:** Puesto que hay una única página base, los motores de búsqueda podrían tener dificultades para indexar el contenido, aunque se han popularizado técnicas como SSR (Server-Side Rendering) o prerenderizado para paliar el problema.

- **Mayor carga inicial:** El bundle de JavaScript puede ser voluminoso, aumentando el tiempo hasta la interactividad real en conexiones lentas.

- **Gestión de estados complejos:** En aplicaciones grandes, controlar el estado entre numerosos componentes puede volverse caótico sin librerías o patrones adecuados (Redux, Vuex, NgRx, etc.).

- **Historial y usabilidad de navegación:** Es necesario reproducir comportamientos como el botón "Atrás" o el refresco manual, lo que implica mayor complejidad en el enrutado.

Con una arquitectura y un enfoque cuidadosos, las SPA suponen un salto de calidad para ofrecer interfaces dinámicas y veloces, pero exigen un control más fino de la organización del proyecto y las técnicas de optimización.

4.4. Prácticas recomendadas

Para que el desarrollo de interfaces dinámicas sea sostenible y mantenga su escalabilidad, es necesario adoptar **buenas prácticas** relacionadas con la estructura de los proyectos y la calidad del código JavaScript. La proliferación de funcionalidades en el front-end conduce fácilmente al desorden si no se aplican criterios claros desde el inicio.

4.4.1. Estructura de proyectos

La organización de carpetas y archivos suele variar según el framework escogido, pero existen principios generales:

1. **Separación clara por módulos o componentes:** Cada pieza de la interfaz debe alojarse en su propia carpeta o archivo, junto con sus recursos (estilos, tests y scripts de configuración). Así se evitan archivos excesivamente grandes y se incrementa la reusabilidad.

2. **Carpetas específicas para recursos estáticos y para lógica de negocio:** Por ejemplo, "assets" para imágenes, "components" para los elementos visuales, "store" o "redux" para la gestión del estado global y "utils" para funciones auxiliares.

3. **Respetar convenciones de nombrado:** Facilita a cualquier colaborador encontrar dónde reside una determinada funcionalidad. En React, por ejemplo, muchos optan por la extensión .jsx para componentes. En Vue.js se suelen agrupar la plantilla, el script y el estilo en un mismo archivo ".vue", acatando un orden interno.

4. **Uso de un sistema de construcción (build):** Herramientas como Webpack, Parcel o Vite permiten compilar código moderno (ES6/ES7) y organizarlo en módulos, minificar y ofuscar para producción, generar sourcemaps para debugging y manejar la "hot reloading" en desarrollo.

Al mantener la coherencia estructural, el proyecto se vuelve accesible, de manera que nuevos programadores pueden añadir o modificar funcionalidades sin introducir confusiones ni duplicar secciones de código.

4.4.2. Legibilidad y mantenibilidad del código

Además de la arquitectura, la **legibilidad** del código JavaScript o TypeScript es clave para la colaboración en equipo y la reducción de errores. Algunas recomendaciones habituales incluyen:

• **Uso de linters y formateadores:** Configurar ESLint o Prettier para un estilo de código uniforme (comillas, sangrías, reglas de espaciado, etc.). Así se evitan debates estilísticos y se focaliza la atención en la lógica.

- **Nomenclatura descriptiva**: Nombrar variables y funciones de forma que reflejen su propósito (p. ej., obtenerListadoProductos() en lugar de getData()).
- **Funciones pequeñas y específicas**: Mantener las responsabilidades acotadas. Una función o un componente que realiza demasiadas tareas tiende a dificultar la lectura y la refactorización.
- **Documentación y comentarios adecuados**: Explicar las partes complejas o los algoritmos poco evidentes; en cambio, evitar comentarios superfluos que no aportan más que lo obvio.
- **Patrones de control de estado**: En SPA con gran volumen de datos compartidos, se aconseja integrar soluciones como Redux o Vuex para centralizar estados y mutaciones. Este enfoque previene la duplicación y el caos que surge al pasar datos entre múltiples componentes.

Por último, realizar **tests unitarios**, de integración y, si es posible, pruebas end-to-end (por ejemplo, con Cypress o Playwright) consolida la confiabilidad del sistema. Cada cambio en la interfaz puede validarse automáticamente, minimizando regresiones o roturas silenciosas.

4.5. Conclusiones

Este **Capítulo 4** ha ofrecido una inmersión en el mundo de las **interfaces dinámicas**, guiadas por JavaScript y las tecnologías asociadas. Empezando con la manipulación del DOM y el control de eventos, se ha puesto de relieve cómo el navegador abre puertas para crear experiencias interactivas más allá de simples recargas. Sin embargo, el crecimiento de la complejidad en proyectos modernos ha requerido la adopción de **frameworks y librerías** —como Vue.js, React y Angular— que facilitan la construcción y el mantenimiento de sistemas avanzados, aportando soluciones efectivas para la organización de componentes y la gestión de estados.

En la transición hacia **Single Page Applications (SPA)** se aprecia el impacto más significativo de esta evolución: las interfaces se comportan casi como aplicaciones de escritorio, actualizando secciones al instante y ofreciendo una sensación de inmediatez. No obstante, las SPA conllevan retos de SEO, carga inicial y estructura del proyecto, que exigen metodologías de optimización y arquitectura cuidadosa.

Para que todo ello se traduzca en un producto consistente, se recomiendan prácticas sólidas de desarrollo, como mantener una **estructura clara de archivos**, un **código legible y testeado** y aplicar técnicas de versionado o integración continua. Estas medidas, sumadas a un diseño centrado en el usuario (como vimos en capítulos previos), dan vida a soluciones Web robustas, escalables y capaces de satisfacer las altas exigencias del mercado actual.

En el siguiente capítulo, nos adentraremos en temas avanzados de rendimiento, optimización y despliegue de aplicaciones, completando así la visión integral sobre cómo diseñar, implementar y llevar a producción interfaces Web que combinen dinamismo, usabilidad y eficiencia.

Capítulo 5.

Diseño de interfaces para dispositivos móviles

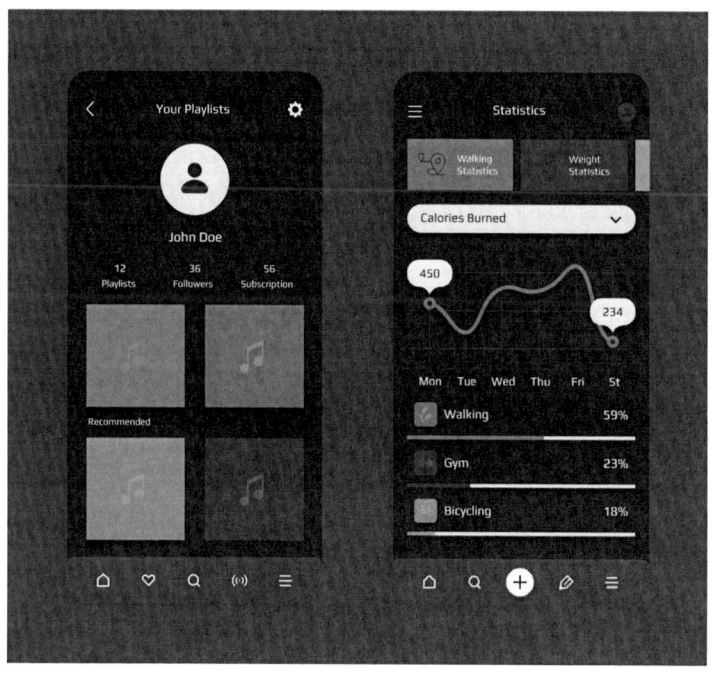

La irrupción de los **teléfonos inteligentes** y las **tablets** ha transformado profundamente la manera en que interactuamos con la tecnología. Lejos de ser simples "mini ordenadores" de bolsillo, estos dispositivos han traído consigo nuevas pautas de interacción táctil, una mayor variedad de tamaños de pantalla y la expectativa de disponer de la información en cualquier lugar y momento. En este capítulo, profundizaremos en la evolución y las tendencias del **desarrollo móvil**, comparando aplicaciones nativas e híbridas, revisando las diferencias principales entre los entornos de desarrollo disponibles y explorando principios de diseño que se adaptan a la interacción táctil. Finalmente, abordaremos las buenas prácticas relacionadas con el **rendimiento** y la **optimización**, factores críticos para garantizar una experiencia satisfactoria en un entorno tan exigente como el móvil.

5.1. Evolución y tendencias en el desarrollo móvil

La historia del desarrollo para dispositivos móviles está estrechamente ligada al surgimiento y popularización de sistemas operativos como **Android** (propiedad de Google) y **iOS** (propiedad de Apple). Cada uno introdujo ecosistemas de aplicaciones con sus propias reglas de diseño, APIs de acceso al hardware y repositorios de distribución (Google Play, App Store). En consecuencia, la comunidad se enfrentó a la necesidad de generar software capaz de aprovechar al máximo las prestaciones de cada plataforma, a la vez que debía hacerse cargo de la fragmentación y diversidad de modelos y versiones disponibles en el mercado.

5.1.1. Aplicaciones nativas vs. híbridas

En términos generales, los desarrolladores se hallaron ante dos caminos: **aplicaciones nativas** o **aplicaciones híbridas**.

1. **Aplicaciones nativas**:

   Se construyen con el lenguaje y las herramientas oficiales de cada sistema. Para Android, se usan habitualmente **Kotlin** o **Java** en conjunto con Android Studio, mientras que en iOS, se emplean **Swift** o **Objective-C** con el entorno de desarrollo Xcode. Al ser nativas, estas apps disponen de acceso directo a todas las APIs del dispositivo (cámara, GPS, sensores), así como de un rendimiento óptimo y una integración plena con la interfaz y el sistema de notificaciones. La contrapartida es el mayor coste de desarrollo si se desea cubrir las dos plataformas, dado que se mantiene y evoluciona un código distinto para cada una.

2. **Aplicaciones híbridas**:

   Se basan en tecnologías Web (HTML, CSS, JavaScript) empaquetadas en un contenedor capaz de ejecutarse en el dispositivo. Frameworks como **Cordova**, **Ionic** o **Capacitor** facilitan este enfoque, permitiendo reutilizar gran parte del código entre Android e iOS. Algunas soluciones modernas, como **React Native** o **Flutter**, difuminan más la línea entre "híbrido" y "nativo" al compilar a binarios más cercanos al código nativo o usar motores de renderizado propios. El beneficio principal es reducir tiempo y costes de desarrollo, si bien el rendimiento podría resentirse ligeramente (exceptuando casos como Flutter, que se acerca mucho al rendimiento nativo) y podrían surgir limitaciones al acceder a funciones específicas del dispositivo.

La elección entre una u otra modalidad depende de factores como la complejidad de la aplicación, la necesidad de rendimiento o la experiencia previa del equipo. En los últimos años, la adopción de soluciones híbridas más avanzadas ha crecido, ya que ofrecen un equilibrio razonable entre velocidad de desarrollo y prestaciones.

5.1.2. Entornos de desarrollo principales (Android Studio, Xcode, etc.)

Para la creación de aplicaciones nativas, los dos grandes entornos de desarrollo son:

- **Android Studio**: Basado en IntelliJ IDEA, es la herramienta oficial para Android, con funcionalidades que van desde el diseño de interfaces en XML hasta la emulación en distintos dispositivos y la integración con Gradle para la gestión de dependencias. Soporta desarrollos en Java y en Kotlin —este último, el lenguaje preferido en la actualidad—. Sus módulos y librerías brindan acceso nativo a servicios de Google, librerías Jetpack y mecanismos para crear interfaces responsivas entre una amplia gama de resoluciones de pantalla y densidades de píxeles.

- **Xcode**: El IDE proporcionado por Apple para desarrollar en macOS, iOS, watchOS y tvOS, principalmente con **Swift**. Integra herramientas de diseño visual (storyboards, SwiftUI) para componer pantallas y controlar la navegación de manera declarativa. Ofrece simuladores iOS, un depurador integrado y pruebas unitarias o de interfaz. Por razones de licenciamiento, Xcode solo está disponible en macOS, lo que limita parcialmente la portabilidad del entorno.

En el ámbito de aplicaciones híbridas, cada framework trae su propio flujo de trabajo. Por ejemplo, **Ionic** se integra con editores como Visual Studio Code, mientras que **Flutter** ofrece su propio CLI y un plugin específico para VS Code o Android Studio, y **React Native** recurre al ecosistema de Node.js y a herramientas de bundling como Metro. En todos los casos, se facilita la conexión a emuladores y la ejecución en dispositivos físicos para probar y depurar.

5.2. Principios de diseño adaptativo

Diseñar interfaces móviles difiere enormemente del desarrollo Web tradicional para pantallas grandes. Las **restricciones de tamaño**, la **interacción táctil** y la naturaleza de un dispositivo que el usuario lleva a todas partes alteran las pautas de navegación y los patrones de diseño. Estas son algunas de las cuestiones más relevantes.

5.2.1. Diferencias de interacción: táctil, tamaño de pantalla

- **Interfaz táctil**:
  En lugar de un cursor de ratón que permite puntería fina, se usa el dedo, con un área de contacto mayor. Ello exige **botones y controles** más grandes, espaciados generosos y la adopción de gestos como el deslizamiento (swipe) o pellizco (pinch). Asimismo, el dedo puede tapar parte de la pantalla, lo que influye en la colocación de menús o elementos interactivos.

- **Limitaciones de espacio**:

  Aunque muchos smartphones actuales superen las 5 pulgadas de diagonal, su superficie sigue siendo menor que la de un monitor de escritorio, y la visualización se realiza casi siempre en vertical (portrait). Esto obliga a **priorizar** qué se muestra en primer plano y a aprovechar las pantallas secundarias o secciones de detalle. Los menús extensos se convierten en menús hamburguesa o navegaciones tabulares en la parte inferior, de fácil acceso con el pulgar.

- **Contexto de uso**:

  Un usuario puede estar utilizando el dispositivo mientras viaja, camina por la calle o realiza otra actividad. Esto reclama un diseño claro, con un número mínimo de pasos y evitando información densa o pequeños elementos que requieran exactitud al pulsar.

5.2.2. Patrones de navegación en dispositivos móviles

Los patrones de navegación en móvil han evolucionado conforme aumentaba el tamaño medio de pantalla, pero se reconocen algunos muy comunes:

- **Barra de pestañas inferior**:

  Divide la aplicación en secciones principales (p. ej., "Inicio", "Buscar", "Perfil", "Configuración"), accesibles con un simple toque. Es muy popular en iOS y se ha extendido a Android como una alternativa a los menús laterales.

- **Menú lateral (hamburguesa)**:

  Habitual para un listado de secciones secundarias o configuraciones menos usadas. El icono de "tres rayas" indica la existencia de este panel oculto. Sin embargo, se critica a veces su usabilidad, pues oculta opciones y dificulta el descubrimiento de ciertas funcionalidades.

- **Navegación basada en gestos**:
  Muchas aplicaciones permiten desplegar paneles con un swipe, o retornar a la pantalla anterior arrastrando desde el extremo izquierdo, entre otras interacciones. Esto puede resultar muy intuitivo, pero es esencial que el usuario reciba indicaciones (visual clues) de cuándo y cómo puede usar los gestos.

- **Paginación o scroll infinito**:
  Dada la preferencia por scrollear con el dedo, es frecuente que listados de contenido (noticias, redes sociales) se expandan según la demanda, evitando que el usuario navegue entre muchas páginas de forma manual. El uso de "cards" y diseños verticales encadenados mejora la legibilidad.

Estos patrones, compatibles con las guías de cada sistema operativo (Material Design en Android, Human Interface Guidelines en iOS), aseguran coherencia y respetan las expectativas de los usuarios. Combinar correctamente los elementos visuales, los gestos y la disposición de la información hace la diferencia entre una app confusa y otra que el usuario adopta con naturalidad.

5.3. Buenas prácticas de rendimiento y optimización

En el ámbito móvil, el rendimiento y la optimización son factores críticos. Los usuarios suelen contar con planes de datos limitados, dispositivos con menor potencia de CPU/GPU en comparación con un PC y, a menudo, esperan respuestas inmediatas pese a conexiones inestables o de baja velocidad.

5.3.1. Gestión de recursos y consumo de datos

1. **Descargas e imágenes escalables:**
   Es vital reducir el peso de los recursos multimedia. Compresión de imágenes, uso de formatos adecuados (WebP, HEIC), descarga adaptativa según la resolución de la pantalla y evitar la carga de versiones en alta resolución cuando no sean necesarias. También se aplican técnicas de **lazy loading**, cargando las imágenes solo cuando entren en el área de visualización.

2. **Caché y almacenamiento local:**
   Almacenar contenidos en la memoria local puede disminuir la dependencia de la red. Mediante librerías de persistencia o bases de datos locales (SQLite en Android, Core Data en iOS), se reduce el tráfico y se acelera la respuesta en la mayoría de escenarios. Un manejo cuidadoso de la sincronización con el servidor asegura que los datos permanezcan coherentes sin desperdiciar ancho de banda.

3. **Uso adecuado de APIs:**
   Disparar múltiples peticiones de red en paralelo, o solicitar grandes cantidades de datos sin paginar, impacta negativamente en la batería y en el plan de datos del usuario. Estrategias como paginar resultados, realizar peticiones diferidas cuando el usuario realmente las solicita y agrupar actualizaciones contribuyen a un rendimiento estable.

4. **Control de procesos en segundo plano:**
   Si la aplicación actualiza información periódicamente o utiliza servicios que se ejecutan mientras el usuario está en otra app, hay que evitar consumos excesivos de batería. Tanto Android como iOS ofrecen modos restringidos de ejecución en segundo plano y notificaciones push para actualizaciones importantes, por lo que conviene seguir estas directrices.

5.3.2. Mejora de la velocidad de carga y respuesta

La **velocidad de carga** de una aplicación móvil influye directamente en la experiencia inicial. Algunos consejos para optimizarla:

- **Carga progresiva de recursos:**
  Retrasar la descarga de componentes no esenciales hasta que el usuario los requiera (on-demand). De esta manera, la app arranca más rápido y el usuario puede empezar a interactuar sin esperar a que se descargue todo el contenido.

- **Minimizar dependencias:**
  Revisar librerías externas; a veces se incluyen librerías muy grandes para funcionalidades puntuales. Una reducción de dependencias innecesarias encoge el tamaño del binario y acelera la instalación y apertura.

- **Pantallas de carga y precarga de datos:**
  Mostrar una pantalla de bienvenida o de carga —splash screen— mientras se inician servicios clave. Adicionalmente, se pueden predescargar datos básicos para que el usuario vea contenido sin tiempos muertos.

- **Optimización de layouts:**
El renderizado en Android e iOS depende de la jerarquía de vistas; layouts muy anidados pueden ralentizar la representación. Reducir niveles de anidación innecesarios y emplear contenedores optimizados (ConstraintLayout en Android, Auto Layout en iOS) evita cálculos excesivos en tiempo de ejecución.

En definitiva, el objetivo es ofrecer una interacción casi inmediata tras el lanzamiento, con tiempos de espera mínimos para las operaciones principales. Unas décimas de segundo marcan la diferencia en la percepción de fluidez, y los usuarios tienden a descartar apps lentas o que demandan mucha batería.

5.4. Conclusiones

Este **Capítulo 5**, dedicado al **diseño de interfaces para dispositivos móviles**, muestra cómo la adopción de la tecnología portátil ha impulsado un paradigma de desarrollo distinto al de los ordenadores de escritorio. La comparación entre **apps nativas e híbridas**, sus entornos de desarrollo específicos y las posibilidades que ofrecen frameworks como **Android Studio** o **Xcode** pone de relieve la diversidad de rutas que un equipo puede tomar para distribuir sus aplicaciones en el mercado masivo. Cada enfoque conlleva pros y contras en rendimiento, acceso a funcionalidades del dispositivo y coste de mantenimiento.

En paralelo, los **principios de diseño adaptativo** invitan a considerar las peculiaridades de la interacción táctil —con espacios de control más amplios, gestos diversos y posibles interrupciones constantes en el uso—, así como los patrones de navegación que más triunfan en este entorno (barra de pestañas, menú hamburguesa, scroll infinito, etc.). La prioridad recae en la simplicidad y en la facilidad de uso, dado que la pantalla y el contexto de empleo imponen retos únicos.

Por último, la parte de **rendimiento y optimización** nos recuerda que el dispositivo móvil no siempre dispone de un hardware potente ni de una red veloz y estable. La gestión cuidadosa de recursos, la minimización de dependencias y la implementación de técnicas de caching o carga progresiva resultan vitales para fidelizar al usuario. Una aplicación que consume demasiada batería, agota sus datos o tarda varios segundos en abrir carece de oportunidades para competir en un mercado saturado de opciones.

En los siguientes capítulos, podremos adentrarnos en aspectos aún más específicos de la programación y optimización para plataformas móviles, analizando casos prácticos y ejemplos de implementación que cristalizan estos conceptos en proyectos reales. Sin embargo, queda claro que poner al usuario en el centro —siguiendo principios de usabilidad, accesibilidad y rendimiento— es la clave para que un producto móvil sea adoptado y valorado en un ecosistema tan competitivo.

Capítulo 6.

Prototipado y herramientas de diseño

El proceso de **prototipado** se ha convertido en una fase fundamental dentro del ciclo de diseño y desarrollo de interfaces. En un entorno en el que las expectativas del usuario son cada vez más elevadas, resultan insuficientes las meras especificaciones escritas o los diagramas sin interacción: se requiere un artefacto que materialice cómo se verá y comportará la aplicación, permitiendo validaciones tempranas antes de invertir grandes esfuerzos de programación. Este capítulo explora los conceptos clave alrededor del prototipado —las diferencias entre prototipos de baja y alta fidelidad— y profundiza en las herramientas más destacadas del mercado (como Figma, Sketch y Adobe XD). Finalmente, describiremos el modo en que estos prototipos se integran en el flujo de desarrollo y la importancia de la comunicación efectiva entre diseñadores y desarrolladores.

6.1. Diferencias entre prototipo de baja y alta fidelidad

6.1.1. Sketching, wireframes y prototipos interactivos

El prototipado no se limita a un único formato o nivel de detalle. Por el contrario, se concibe como un espectro que inicia en técnicas muy simples y evoluciona hasta reproducciones casi exactas de la interfaz final.

1. Sketching (baja fidelidad):

   Abarca dibujos rápidos en papel o pizarra, con trazos esquemáticos que representan las pantallas y los componentes principales de la aplicación (botones, menús, campos de texto, etc.). Se ejecuta de manera ágil para plasmar ideas iniciales y flujos de interacción. Aunque carece de precisión en tamaños, colores y tipografías, ofrece una visión clara sobre la disposición básica de los elementos y la secuencia de pantallas.

2. **Wireframes (baja a media fidelidad):**
   Son representaciones más ordenadas de la estructura de la interfaz, generalmente creadas con aplicaciones digitales o plantillas predefinidas. Muestran la jerarquía de información, la ubicación aproximada de los controles y el diseño de la navegación, pero no incluyen estilos finales ni imágenes definitivas. Su objetivo es resaltar cómo estará organizada la aplicación sin centrarse todavía en aspectos visuales detallados.

3. **Prototipos interactivos (alta fidelidad):**
   Se asemejan mucho a la futura aplicación, incorporando diseño visual, iconos, color, tipografías y animaciones básicas para representar transiciones de pantalla. Además, permiten cierta interacción: el usuario puede hacer clic (o tocar, en caso de móvil) sobre botones y enlaces que lo conducen a otras vistas dentro del propio prototipo, simulando el flujo de la aplicación. Esta aproximación sirve para testear la experiencia de usuario (UX) y la usabilidad de manera cercana a la realidad.

6.1.2. Beneficios de cada enfoque

• **Baja fidelidad (sketches y wireframes):**
  • **Rapidez y flexibilidad:** Se pueden producir y cambiar en minutos, lo que facilita la exploración de múltiples ideas o layouts sin temor a un gran coste.

- **Fomento de la creatividad y retroalimentación temprana:** Al no existir detalles de diseño, los usuarios y stakeholders tienden a opinar sobre el flujo y la arquitectura de la interfaz, en lugar de centrarse en los colores o estilos.
- **Menor apego emocional:** Al ser bocetos sencillos, el equipo puede descartar y reformular sin sentir que ha invertido demasiado tiempo en ese prototipo.
- **Alta fidelidad (prototipos interactivos):**
  - **Validación realista de la experiencia:** Resulta mucho más fácil para un usuario "vivir" el producto, entender sus tiempos de respuesta, transiciones y flujos.
  - **Detección de problemas de usabilidad:** Permite encontrar, en etapas tempranas, pasos confusos, formularios engorrosos o interacciones poco claras.
  - **Comunicación precisa con desarrolladores:** Al incluir definiciones de color, tipografías y animaciones, facilita la transición a la implementación con un estilo y comportamiento definidos.

Muchos equipos combinan ambos enfoques: comienzan con bocetos rápidos que evolucionan a wireframes para pulir la arquitectura y, una vez validados, avanzan hacia prototipos de alta fidelidad que recogen la paleta de colores, los estilos de botones y otras directrices visuales.

6.2. Software de prototipado

El auge del diseño centrado en el usuario y del desarrollo de interfaces multiplataforma propició la aparición de múltiples herramientas especializadas en prototipado. Las más populares se han ido consolidando gracias a su facilidad de uso, la riqueza de funcionalidades y sus capacidades de colaboración en línea.

6.2.1. Figma, Sketch, Adobe XD, entre otros

1. **Figma:**
   Una de las favoritas del mercado actual, destaca por su enfoque 100% basado en la nube y su capacidad de colaboración en tiempo real. Varios diseñadores pueden trabajar simultáneamente en el mismo archivo, comentando y generando versiones. Incluye componentes reutilizables y librerías de estilos para asegurar la coherencia visual. También ofrece un sistema de prototipado interactivo donde se definen transiciones entre pantallas y disparadores de acciones.

2. **Sketch:**
   Fue pionera en implantar la metodología de diseño de interfaces con símbolos y una organización modular. Funciona exclusivamente en macOS y su ecosistema de plugins es muy amplio, brindando desde herramientas de animación hasta conexión con repositorios de iconos. Aunque no es nativamente colaborativa en tiempo real, se puede integrar con servicios externos (Abstract, InVision) para compartir diseños y prototipos.

3. **Adobe XD:**
   Parte del paquete de herramientas de Adobe, se centra en una experiencia unificada para diseño de interfaces y prototipado interactivo. Ofrece un modo diseño y un modo prototipo, con transiciones animadas y

el uso de "componentes" que pueden replicarse en distintas pantallas. Posee cierta integración con otras aplicaciones de Adobe (Photoshop, Illustrator), facilitando el paso de activos gráficos al prototipo.

4. **Otras opciones:**

InVision, Axure RP, Marvel o Framer son también reconocidas en el ámbito. Cada una adopta enfoques distintos —algunas centrándose en prototipos de alta fidelidad con microinteracciones avanzadas, otras en la creación rápida de wireframes—. La elección depende de factores como la familiaridad del equipo, el presupuesto y las necesidades de colaboración.

`6.2.2.` Flujos de trabajo y colaboración en equipo

En la actualidad, un aspecto clave del software de prototipado es la colaboración y el versionado. Equipos distribuidos y con roles diferenciados (diseñadores, desarrolladores, analistas de negocio) requieren:

- **Comentarios y anotaciones in-app:** Posibilidad de dejar notas en zonas concretas del prototipo para sugerir ajustes o señalar inconsistencias.
- **Historial de versiones:** Permitirse revisar estados previos del proyecto y recuperar ideas descartadas.
- **Bibliotecas compartidas:** Cuando múltiples personas trabajan con los mismos componentes (por ejemplo, un botón primario, los iconos de la marca), es indispensable que los cambios realizados en un símbolo central se reflejen en todas las pantallas relacionadas.
- **Integración con otras herramientas:** Vinculación con sistemas de gestión de tareas (Jira, Trello, Asana)

o repositorios de código (GitHub, GitLab) para mantener la trazabilidad de las evoluciones de diseño y el desarrollo real.

Estas características no solo agilizan la comunicación, sino que también aseguran la consistencia visual, evitando que cada integrante del equipo aplique estilos o colores distintos por error. Además, simplifica la presentación a clientes o stakeholders, quienes pueden navegar el prototipo desde un enlace en la nube y dejar sus impresiones directamente en la interfaz.

6.3. Integración del prototipo con el desarrollo

Un prototipo, por más pulido que sea, sigue siendo un modelo que no necesariamente se traduce de forma directa en el código de producción. Sin embargo, su valor radica en guiar la implementación y asegurar que las decisiones de diseño estén validadas antes de escribir líneas de programación costosas de refactorizar.

6.3.1. Pasos para convertir el prototipo en un producto funcional

1. **Revisión y validación finales:**
   Antes de iniciar la codificación, el equipo se reúne para confirmar que el prototipo refleja las funcionalidades pactadas, los flujos correctos y el diseño esperado. Es una oportunidad de último minuto para ajustar detalles y retomar cualquier feedback pendiente de resolver.

2. **Exportación de assets y especificaciones:**
A menudo, las herramientas de prototipado permiten extraer recursos gráficos (iconos, imágenes) y, lo que es más útil, estilos de tipografía, tamaños y colores. El desarrollador consigue así un "guía de estilos" incorporado que reduce la interpretación subjetiva. Por ejemplo, Figma y Sketch cuentan con extensiones que generan hojas de estilo CSS o variables para frameworks de front-end.

3. **Creación de la estructura base de la aplicación:**
Dependiendo de la tecnología elegida (Web, móvil nativa, híbrida), se configura el proyecto inicial. Se incluyen rutas o vistas vacías que imitan la organización del prototipo, facilitando la correspondencia pantalla a pantalla.

4. **Implementación de la lógica y la interacción real:**
Gradualmente, se transforman los clics "simulados" del prototipo en acciones concretas que disparan funciones, validan formularios, consultan APIs, etc. Puede requerir la colaboración estrecha entre los diseñadores que definieron microinteracciones y los programadores encargados de traducir esos efectos en código.

5. **Verificación contra el prototipo:**
Una vez se tiene una versión funcional, se compara con el prototipo para verificar si el resultado coincide en layout, transiciones y comportamiento. Las discrepancias se documentan y se decide si es necesario ajustarse más al diseño original o si hay razones para haberlo modificado (limitaciones técnicas, por ejemplo).

6.3.2. Comunicación entre diseñadores y desarrolladores

La comunicación fluida entre diseñadores y desarrolladores es un factor determinante para que la visión del prototipo se vea reflejada en el producto final. Algunos aspectos esenciales:

- **Reuniones de traspaso (handoff):** Diseñadores explican las intenciones detrás de cada componente, los estados de error o hover, las animaciones esperadas y las respuestas ante acciones del usuario. Pueden anotar detalles técnicos (como la escala de tipografías en "rem" o equivalentes en puntos para mobile).

- **Feedback iterativo:** A medida que se implementan las pantallas, puede haber ajustes necesarios en el diseño original para adaptarse a restricciones reales o mejoras sugeridas por la implementación. Mantener una línea de feedback bidireccional evita tensiones y retrabajos.

- **Utilización de sistemas de diseño compartidos:** Cuando la empresa maneja un "design system" (por ejemplo, Material Design en Google o Lightning Design System en Salesforce), el proceso de traducción es mucho más sencillo, pues los componentes UI están estandarizados. Diseñadores y desarrolladores hablan el mismo lenguaje de "botones primarios", "tarjetas", "alertas" u "overlays", y basta con seguir sus directrices para obtener coherencia visual y funcional.

Este clima de colaboración y entendimiento mutuo garantiza que el prototipo no quede como una maqueta aislada, sino que se torne la base real y concisa del software que finalmente llegue al usuario.

6.4. Conclusiones

El **prototipado** se revela como una fase estratégica en el diseño de interfaces: posibilita experimentar con distintas aproximaciones y recibir retroalimentación temprana sin necesidad de un gran esfuerzo de programación. Las **fidelidades** (baja o alta) responden a momentos distintos del proceso: primero, bocetar ideas y flujos generales; luego, detallar la apariencia y la navegación simulada. El uso de **herramientas específicas** como Figma, Sketch o Adobe XD brinda un entorno eficaz de colaboración y documentación, superando las limitaciones de los métodos tradicionales en papel.

Por otra parte, un **flujo de trabajo integrado** entre el equipo de diseño y el de desarrollo resulta crítico para convertir esos prototipos en productos funcionales y atractivos. Con los pasos adecuados de validación, exportación de activos y codificación adaptada, se optimiza la transición y se aprovecha al máximo el esfuerzo invertido durante el prototipado.

En los capítulos siguientes, ampliaremos cómo la evaluación de los prototipos con usuarios, las pruebas de usabilidad y la iteración continua permiten refinar la interfaz hasta lograr un equilibrio ideal entre forma y función. Mientras tanto, queda claro que la labor de prototipado no solo ahorra tiempo y costes a largo plazo, sino que también fortalece la comunicación de todo el equipo y eleva la calidad de la experiencia de usuario final.

Capítulo 7.

Testing de interfaces y control de calidad

La calidad de una interfaz no se determina únicamente por su diseño visual o las funcionalidades que ofrece, sino por el grado en que realmente satisface las necesidades del usuario y se comporta de manera estable y confiable en diferentes escenarios. El **testing de interfaces** constituye, por tanto, un pilar fundamental en el control de calidad de cualquier producto digital. Este capítulo revisa los métodos principales de evaluación de **usabilidad y experiencia de usuario**, explora cómo la **automatización de pruebas** puede agilizar y robustecer la validación del software, y finaliza con la importancia de la **corrección y mejora continua**, cimentadas en una adecuada recogida de feedback y un seguimiento de versiones bien organizado.

7.1. Test de usabilidad y experiencia de usuario

Las pruebas de usabilidad son uno de los métodos más directos para valorar si una interfaz cumple con las expectativas de los usuarios: se pone la aplicación en sus manos y se observan las dificultades o frustraciones que puedan surgir. Asimismo, la evaluación de la experiencia de usuario (UX) determina el grado de satisfacción, la curva de aprendizaje o la percepción global que despierta el producto.

7.1.1. Métodos de evaluación (test con usuarios, encuestas, focus groups)

Existen diversos enfoques para recabar información sobre la usabilidad y la UX:

1. **Pruebas con usuarios (user testing):**

   Se invita a un grupo representativo de personas (que se asemejen al público objetivo) a realizar tareas concretas dentro de la interfaz. Se les pide, por ejemplo, que busquen un producto, rellenen un formulario o naveguen por distintas secciones. Mientras tanto, los evaluadores registran el tiempo que tardan, la cantidad de errores cometidos y las preguntas o dudas que surgen. A veces, se combina con la técnica de "thinking aloud", donde el usuario verbaliza sus pensamientos mientras interactúa.

2. **Encuestas y cuestionarios:**

   Tras usar la aplicación, se entrega un formulario para recopilar impresiones subjetivas: facilidad de uso percibida, nivel de satisfacción, puntos confusos o atractivos, etc. Se pueden emplear escalas tipo Likert o preguntas abiertas para que los participantes detallen sus comentarios.

3. **Focus groups:**

   Un grupo pequeño de usuarios discute sus impresiones y experiencias en una sesión moderada. Este método ofrece una visión más cualitativa y de profundidad: los participantes se retroalimentan entre sí, revelando percepciones o problemas que quizás no aflorarían en un test individual.

El gran beneficio de estos métodos es la riqueza de insights que proporcionan: más allá de los datos puros, se descubre el "porqué" de ciertas dificultades. Este conocimiento permite dirigir los esfuerzos de rediseño o ajuste de las interacciones hacia aquellas áreas que realmente impactan en la experiencia.

7.1.2. Herramientas analíticas (Heatmaps, registros de sesiones)

En el ámbito digital, la incorporación de **herramientas analíticas** brinda un panorama más amplio y cuantitativo sobre cómo los usuarios se mueven dentro de la interfaz:

- **Heatmaps (mapas de calor):**
  Representan visualmente las zonas de la pantalla que reciben más clics, scroll o atención del cursor. Si una sección importante apenas tiene actividad, puede indicar que está mal ubicada o no es suficientemente llamativa. Por el contrario, si una zona que no es interactiva acumula muchos clics, es probable que el diseño sugiera erróneamente su interactividad.

- **Registros de sesiones (session recordings):**
  Con herramientas como Hotjar o FullStory, es posible grabar los movimientos de los usuarios en la página: clics, desplazamientos de ratón, interacciones con menús, etc. Luego, se reproducen estas "sesiones" para identificar dónde se detienen, si no encuentran un botón, si hacen clics repetitivos o si abandonan la página en cierto paso. Este método complementa las pruebas de usuario presenciales, ya que se nutre de datos reales en producción.

- **Métricas de conversión y funnels:**
  Para aplicaciones con objetivos específicos (por ejemplo, completar una compra, suscribirse a un boletín), se trazan embudos de conversión que miden cuántos usuarios inician un proceso y cuántos lo finalizan. Así, se detecta en qué punto del proceso se produce una mayor fuga y se analiza si la interfaz influye de manera negativa.

Estas tecnologías, combinadas con test tradicionales, ofrecen una visión sólida para la toma de decisiones. Se sabe no solo lo que declaran los usuarios en una encuesta, sino lo que realmente hacen al usar la aplicación.

7.2. Automatización de pruebas

La complejidad creciente de los proyectos de software y la variedad de navegadores, dispositivos y escenarios de uso hacen que el **testing manual** sea insuficiente para garantizar una cobertura adecuada. La **automatización** de pruebas se ha vuelto esencial para detectar fallos rápidamente y mantener la calidad de la interfaz en ciclos de desarrollo ágiles.

7.2.1. Herramientas de testing para interfaces Web (Selenium, Cypress)

1. **Selenium:**

   Históricamente, uno de los pioneros en automatización de pruebas de interfaz Web. Permite controlar un navegador (Chrome, Firefox, etc.) mediante scripts que simulan clics, introducción de texto, selección de elementos y validación de resultados. Selenium es muy flexible y ofrece bindings en múltiples lenguajes (Java, Python, C#, etc.). Sin embargo, configurarlo puede resultar engorroso y la depuración de pruebas a veces no es tan amigable.

2. **Cypress:**

Una alternativa más reciente y muy popular en el entorno JavaScript. Cypress se ejecuta directamente en el navegador y brinda un **framework integral** que combina la ejecución de pruebas con la posibilidad de hacer debugging visual paso a paso. Soporta la inyección de datos, la interceptación de peticiones a la API y la verificación de estados del DOM en tiempo real. Su curva de aprendizaje es más suave que la de Selenium y resulta más estable en proyectos JavaScript o TypeScript.

3. **Otras opciones:**

Herramientas como Playwright (de Microsoft), Test-Cafe o Puppeteer también ofrecen enfoques interesantes para pruebas de interfaz en navegadores, destacando en aspectos como la velocidad de ejecución o la integración con entornos de Continuous Integration (CI).

El objetivo común de estas soluciones es emular el recorrido de un usuario real por la aplicación: abrir la URL, hacer clic en botones, verificar que aparezca un mensaje correcto, llenar formularios, etc. Cuando se configuran suites de pruebas que cubren los flujos críticos, resulta más sencillo detectar regresiones tras implementar nuevas funcionalidades o corregir bugs.

7.2.2. Pruebas unitarias vs. pruebas funcionales

En el testing de interfaces, suele diferenciarse entre:

- **Pruebas unitarias (unit tests):**
Validan porciones pequeñas del código (por ejemplo, una función que valida un correo electrónico,

un componente UI que recibe propiedades y renderiza cierta estructura). Sirven para detectar errores de lógica en un nivel muy granular. Sin embargo, no garantizan que, en la integración con otros componentes o con la API, todo funcione perfectamente.

- **Pruebas funcionales (end-to-end o de interfaz):** Simulan las acciones de un usuario a través de la interfaz completa, conectándose a la aplicación real (o a un entorno staging). Permiten asegurar que el flujo global —desde el inicio de sesión hasta la compra de un producto, por ejemplo— se desempeña como se espera. Son más costosas de mantener, pero ofrecen un gran valor para la calidad final.

El **equilibrio** entre ambos tipos de pruebas es esencial. Un conjunto de unit tests robustos proporciona confianza en los bloques de construcción de la aplicación, mientras que pruebas funcionales automatizadas refrendan que el sistema, en su conjunto, cumple los requisitos en distintas situaciones (navegador, resoluciones, etc.). Muchas organizaciones integran estas pruebas en sistemas de CI/CD para ejecutarlas tras cada commit o cada despliegue, de forma que cualquier ruptura se detecte de inmediato.

7.3. Corrección y mejora continua

Pese a implementar exhaustivos planes de test, ningún software está exento de errores, cambios en los requisitos o descubrimientos de oportunidades de mejora. Por ello, la fase de corrección y evolución del producto es un proceso **continuo** que acompaña al ciclo de vida de la interfaz.

7.3.1. Recogida de feedback e implementación de cambios

Para mantener la calidad de la interfaz, resulta vital contar con mecanismos de recepción y gestión del feedback:

1. **Reportes de usuarios:**
   La propia aplicación puede incluir formularios de reporte de bugs o sugerencias. También surgen comentarios vía redes sociales, foros o sistemas de ticketing (como Zendesk). Centralizar esta información en un backlog (Jira, Trello, GitHub Issues) facilita priorizar y asignar tareas.

2. **Actualizaciones periódicas:**
   Los equipos que adoptan metodologías ágiles (Scrum o Kanban) realizan retrospectivas y revisan constantemente el feedback de usuarios para determinar si es necesario ajustar la UX, optimizar la navegación o corregir fallos de accesibilidad. Esto convierte la interfaz en un "producto vivo".

3. **Monitoreo en producción:**
   Más allá de logs de errores, soluciones como Sentry o Raygun recogen excepciones en tiempo real y dan pistas sobre bloqueos en la interfaz. Detectar patrones de error repetidos revela si hay partes del sistema especialmente frágiles o mal diseñadas.

La clave consiste en convertir cada observación o queja en una tarea concreta que se pueda resolver y verificar rápidamente, cerrando el bucle de retroalimentación. De este modo, la confianza del usuario aumenta, al percibir que sus aportes se tienen en cuenta y que la app mejora progresivamente.

7.3.2. Documentación y seguimiento de versiones

Mantener orden en la evolución de la aplicación exige una **documentación** clara sobre:

- **Historial de versiones (changelog):**

  Indica qué funcionalidades nuevas se añaden, qué bugs se corrigen y si hay cambios de interfaz relevantes. Es valioso para usuarios finales y también para el equipo, que comprende el ritmo de modificaciones.

- **Versionado semántico:**

  En proyectos Web o de escritorio, se suele usar la convención "MAJOR.MINOR.PATCH" (ejemplo: 2.3.1). Cada dígito comunica el alcance de los cambios:

  - MAJOR incrementa cuando hay modificaciones rompedoras.
  - MINOR cuando se añaden funciones retrocompatibles.
  - PATCH cuando se corrigen errores sin impactar en la compatibilidad o la funcionalidad general.

- **Guías de test y procedimientos:**

  A medida que la aplicación crece, pueden crearse manuales internos o wikis detallando cómo se realiza el testing automatizado, qué entornos están disponibles (desarrollo, staging, producción), cuáles son las credenciales de prueba y los escenarios críticos. Esto simplifica la formación de nuevos integrantes y garantiza coherencia en el enfoque de calidad.

Este enfoque sistemático de la evolución brinda transparencia y previene la pérdida de información con el paso del tiempo, garantizando que, incluso si el equipo rota, se preserva el conocimiento de por qué se tomaron ciertas decisiones de diseño o de arquitectura.

7.4. Conclusiones

El **testing de interfaces** y el **control de calidad** no son etapas separadas ni puntuales en la vida de un proyecto, sino procesos integrales y continuos que abarcan desde la concepción del producto hasta su fase de madurez y mantenimiento. La realización de **test de usabilidad** con usuarios reales y la adopción de **herramientas analíticas** sientan las bases para descubrir dónde la experiencia puede fallar o mejorarse. Por otro lado, la **automatización de pruebas**, con soluciones como Selenium o Cypress, se convierte en una aliada indispensable para evitar la regresión de defectos y atajar inconsistencias en el layout o la funcionalidad tras cada despliegue.

Finalmente, la actitud de **corrección y mejora continua** garantiza que la interfaz evolucione al compás de las necesidades de los usuarios y de la aparición de nuevas tecnologías. La documentación y la gestión de versiones forman parte esencial de este enfoque: sin un registro claro de cambios y sin la implicación de todo el equipo en el ciclo de retroalimentación, se corre el riesgo de estancarse o de revertir buenas prácticas a medida que avanzan los sprints o las versiones.

De este modo, el capítulo deja patente que la calidad de una interfaz se construye día a día, combinando metodologías de validación con un afán permanente de escucha y adaptación. En el próximo capítulo, podremos cerrar el círculo revisando cómo todo este proceso desemboca en un **lanzamiento exitoso**, un mantenimiento ordenado y, en general, en la consolidación de la interfaz como un producto sólido y confiable para sus usuarios.

Capítulo 8.

Herramientas de control de versiones e integración

La creación y mantenimiento de aplicaciones, especialmente cuando involucran múltiples personas y equipos, requieren de mecanismos que aseguren un **control ordenado del código** y su integración. Este capítulo se centra en cómo los **sistemas de control de versiones** facilitan el trabajo colaborativo y en la forma en que la **integración continua** (CI) y el despliegue automatizado (CD) contribuyen a garantizar la calidad del software. Se detallan, asimismo, buenas prácticas colaborativas que fomentan el código limpio, la revisión constante y una documentación interna adecuada.

8.1. Sistemas de control de versiones

Un **sistema de control de versiones** permite gestionar de forma ordenada los cambios en el código fuente de un proyecto, manteniendo un historial de todas las modificaciones realizadas a lo largo del tiempo. Esto brinda la posibilidad de revertir cambios problemáticos, facilitar el trabajo en paralelo de varios desarrolladores y asegurar la trazabilidad de cada función o corrección implementada.

8.1.1. Git y repositorios remotos (GitHub, GitLab)

Git es el sistema de control de versiones más popular en la actualidad, gracias a su enfoque distribuido, su rapidez y la flexibilidad que ofrece para trabajar en distintos flujos de colaboración. Cada desarrollador mantiene una copia local del repositorio, incluyendo todo el historial de cambios, lo que posibilita trabajar aun sin conexión y realizar commits que luego se sincronizan con un servidor remoto.

- **Repositorios remotos**:
  Sitios como **GitHub**, **GitLab** o **Bitbucket** alojan el repositorio principal, creando un espacio centralizado donde los equipos pueden revisar el historial de commits, publicar *pull requests*, seguir *issues* y administrar la colaboración. GitHub y GitLab, en particular, se han hecho muy populares por sus interfaces intuitivas y por ofrecer integraciones con múltiples herramientas de despliegue, testing y seguridad.

- **Commits y diffs**:
  Cada cambio se registra en un *commit*, que describe la modificación realizada y tiene un identificador único (SHA). Cualquier versión previa puede recuperarse con facilidad. Los *diffs* (diferencias) muestran, línea a línea, el antes y el después de una modificación, facilitando su revisión.

El uso de Git trae aparejado un ecosistema de comandos y convenciones (branch, merge, rebase, stash, etc.) que se aprende con la práctica. Si bien su curva de aprendizaje puede ser inicialmente desafiante, la versatilidad de esta herramienta lo hace indispensable para proyectos de cualquier escala.

8.1.2. Flujos de trabajo (branching, pull requests)

La forma en que el equipo organiza su repositorio Git incide directamente en la productividad y la claridad de los cambios:

- **Branching**:
  Consiste en crear ramas (*branches*) que separan el desarrollo de nuevas funcionalidades, correcciones

de bugs o experimentos, evitando que el trabajo en progreso desestabilice el código principal. Una convención típica es mantener una rama principal (generalmente *main* o *master*) que refleja el estado "estable" del proyecto y una rama de desarrollo (*develop*), donde se integran cambios que aún están en proceso de test o refinamiento. Además, se crean ramas específicas (*feature branches*) para desarrollar funcionalidades concretas.

- **Pull requests (PR) o merge requests**: Cuando un desarrollador finaliza su trabajo en una rama, puede crear un PR para fusionarlo con la rama principal o de desarrollo. En este proceso, otros miembros del equipo revisan el código, discuten y sugieren mejoras. Si se aprueba, se realiza el *merge* y la nueva funcionalidad pasa a formar parte del estado oficial del repositorio. Este mecanismo no solo promueve la calidad del código, sino que también facilita el aprendizaje compartido y la estandarización de buenas prácticas.

- **Convenciones de nombrado**: A menudo, se adoptan pautas para los nombres de las ramas, como *feature/nombre-funcionalidad*, *bugfix/descripción-rapida*, *hotfix/urgente*, etc. Esto clarifica la intención de cada rama y ordena la lista en el repositorio. Además, se puede enlazar el identificador de un *issue* (por ejemplo, #23) para relacionar la rama y el problema que resuelve.

Estos flujos de trabajo se consolidan gracias a la comunicación continua. Herramientas como GitHub o GitLab facilitan también la integración de checks automáticos (por ejemplo, ejecución de tests) que indican si un pull request cumple con los estándares mínimos antes de su revisión humana.

8.2. Integración continua y despliegue

La **integración continua (CI)** nace como respuesta a la necesidad de verificar constantemente la compatibilidad de los cambios en un proyecto, evitando la acumulación de problemas que se hacen visibles solo en etapas tardías. En paralelo, el **despliegue continuo (CD)** lleva la automatización un paso más allá, facilitando la publicación de versiones nuevas de la aplicación de manera regular y confiable.

8.2.1. Automatización de pruebas y validaciones

En un pipeline de CI, cada vez que se crea o actualiza un pull request, un servidor o servicio externo obtiene la versión actual del código y ejecuta varias acciones:

1. **Compilación o build:**

   Se comprueba que el proyecto se construya correctamente (por ejemplo, en entornos Java, .NET, Android Studio, etc.). Si hay errores de compilación, se reportan de inmediato.

2. **Ejecución de tests:**

   Incluye tanto pruebas unitarias, que validan pequeñas piezas de la aplicación, como pruebas de integración o funcionales. Si alguna de estas pruebas falla, la integración se bloquea y el equipo puede detectar en seguida qué commit causó la ruptura.

3. **Verificación de estilo y linters:**

   Herramientas como ESLint, Prettier (en JavaScript) o Checkstyle (en Java) aseguran la consistencia del formato del código. Esto disminuye roces en el equipo por temas de espacios, comillas o identación.

4. **Validaciones personalizadas:**

Se pueden integrar escáneres de seguridad (para vulnerabilidades), análisis de cobertura de código (cuántas líneas de la aplicación están respaldadas por tests) u otras comprobaciones específicas del proyecto.

En caso de incumplir alguna de estas fases, el pipeline notifica al autor de los cambios y se impide el merge automático a la rama principal, manteniendo la calidad del repositorio.

8.2.2. Herramientas de CI/CD (Jenkins, GitHub Actions, etc.)

Hay varias soluciones para configurar y ejecutar estos pipelines:

- **Jenkins**:

  Un servidor de automatización de código abierto y altamente configurable. Requiere instalación y administración en un servidor propio, pero su potencia y extensibilidad mediante plugins lo convierten en una opción robusta para grandes organizaciones.

- **GitHub Actions**:

  Integrado directamente en GitHub, permite describir flujos de trabajo en archivos YAML. Cada vez que sucede un evento (por ejemplo, un push, un PR, la creación de un *tag*), GitHub Actions dispara los jobs definidos (build, test, despliegue). Su fuerte es la simplicidad de configuración y la integración nativa con el resto de la plataforma GitHub.

- **GitLab CI/CD**:

  Similar en filosofía a GitHub Actions, se define en un archivo .gitlab-ci.yml. GitLab ofrece runners en la nube o la posibilidad de instalar runners propios. El pipeline se integra con el repositorio al crearse o actualizarse ramas o pull requests.

- **Travis CI, CircleCI, Azure DevOps, etc.**:
  Otras alternativas basadas en la nube o autoalojadas que comparten el objetivo de automatizar la integración y las validaciones, y a menudo, el despliegue posterior.

La **automatización de despliegue (CD)** se enlaza al final de este pipeline. Si todos los tests son exitosos, se procede a empaquetar la aplicación y enviarla al entorno de pruebas, staging o incluso producción. Este proceso puede exigir aprobaciones manuales (una "puerta" donde un responsable revisa el estado) o ser completamente automático cuando el proyecto necesita lanzamientos frecuentes y controlados.

8.3. Buenas prácticas colaborativas

La tecnología por sí sola no asegura una colaboración efectiva. Es crucial adoptar ciertas prácticas y actitudes que fomenten la excelencia del código, la cohesión del equipo y la sostenibilidad del proyecto a largo plazo.

8.3.1. Código limpio y revisiones en equipo

- **Estándares de estilo y convenciones**:
  Definir reglas claras sobre identación, uso de mayúsculas, nombres de variables o funciones, entre otros

aspectos, simplifica la lectura y reduce los conflictos en merges. Puede utilizarse un *linter* o un *formatter* que aplique estos criterios automáticamente.

- **Pequeños commits con mensajes descriptivos**:
  En lugar de realizar un gran commit que mezcle múltiples cambios, se recomienda hacer commits granulares, cada uno centrado en una tarea o corrección específica. Esto facilita la revisión posterior y la investigación de fallos (si un commit causa un problema, se acota rápidamente su alcance).

- **Code reviews**:
  Antes de fusionar una rama en la principal, al menos un miembro del equipo debería examinar los cambios. Este proceso no es solo para cazar posibles errores, sino también para compartir conocimiento, alinear criterios de diseño e intercambiar ideas de mejora.

- **Discusión constructiva**:
  Las revisiones pueden generar debate, pero se sugiere plantear críticas de forma amable y orientada a soluciones, evitando fricciones personales. El objetivo es que todos aprendan y que el producto mejore.

8.3.2. Documentación interna

En proyectos que perduran en el tiempo o donde el equipo se renueva con frecuencia, la documentación interna se vuelve clave:

- **README y guías rápidas**:
  El repositorio debería incluir un README con las instrucciones para poner en marcha el proyecto localmente, las dependencias, los scripts más relevantes y la estructura general.

- **Wiki o Confluence**:
  Ofrece un espacio para descripciones más extensas, diagramas de arquitectura, procesos de despliegue y convenciones de desarrollo. Cuanto más clara sea la documentación, menor dependencia habrá de la memoria de los integrantes.

- **Comentarios en el código y en los PR**:
  Para secciones complicadas o algoritmos no triviales, se justifica añadir comentarios que expliquen la lógica detrás. También es útil aprovechar la sección de descripción en un PR para clarificar el propósito de los cambios y el impacto esperado.

La documentación no debe verse como un obstáculo burocrático, sino como un apoyo que previene confusiones y aumenta la confianza en el equipo. Además, la automatización de la generación de documentación (por ejemplo, docstrings) y la actualización de *changelogs* o *release notes* forma parte de un pipeline integral de CI/CD para garantizar que la información esté siempre al día.

8.4. Conclusiones

El **control de versiones** mediante Git y plataformas remotas como **GitHub** o **GitLab** constituye la base para una colaboración efectiva: cada desarrollador puede trabajar de forma paralela y segura, mientras las ramas y los pull requests permiten revisar e integrar aportaciones de forma organizada. A continuación, la **integración continua** y, a menudo, el **despliegue continuo**, cierran el ciclo de entrega: cada cambio se construye, se prueba y, de ser aprobado, puede ir escalando hasta el entorno productivo con la mínima fricción posible.

Por otra parte, el éxito en la práctica no depende solo de la tecnología, sino del establecimiento de **buenas prácticas colaborativas**: código limpio, revisiones y comentarios constructivos, y una documentación actualizada que facilite la incorporación de nuevos miembros y la continuidad del proyecto. Estas pautas permiten mantener la calidad del software y, al mismo tiempo, reducir cuellos de botella y conflictos internos.

En suma, la fusión de sistemas de control de versiones, pipelines de CI/CD y hábitos de equipo bien cimentados ofrece un ecosistema propicio para desarrollar interfaces y aplicaciones que evolucionen sin caos, con trazabilidad, calidad y un espíritu de mejora constante. En el capítulo siguiente, concluiremos la panorámica de este manual destacando los pasos finales para lanzar un proyecto y mantenerlo con éxito en un entorno cada vez más competitivo.

Capítulo 9.

Ejemplos prácticos y casos de uso

Los capítulos anteriores han ofrecido una visión teórica y metodológica del diseño y desarrollo de interfaces, así como de los procesos de testing, control de calidad y despliegue. Sin embargo, poner estos conceptos en práctica facilita la comprensión real de cómo se integran las distintas piezas en un proyecto. En este capítulo se presentan **tres casos de uso**: la implementación de una interfaz Web desde cero, la creación de una pequeña aplicación móvil, y la aplicación concreta de accesibilidad en un proyecto real. A través de estos ejemplos, se busca ilustrar cómo los principios expuestos anteriormente se llevan a cabo en escenarios cotidianos.

9.1. Desarrollo de una interfaz Web completa

La primera situación aborda la construcción de una **interfaz Web** —por ejemplo, una página pública de una tienda o un portal de servicios—, siguiendo todo el ciclo de vida: requerimientos, prototipado e implementación con HTML, CSS y JavaScript.

9.1.1. Definición de requerimientos y prototipado

Objetivo del proyecto: Supongamos que se busca crear el sitio Web para un restaurante, con la siguiente funcionalidad:
- Presentación de la carta de comidas y bebidas.
- Sección de reservas en línea.
- Información de contacto y ubicación (mapa incrustado).

El primer paso es **reunir requisitos** junto al cliente o stakeholders:

1. **Identificar las secciones**: "Inicio", "Carta", "Reservas", "Contacto".
2. **Planificar la experiencia de usuario**: la reserva debe ser sencilla e intuitiva, en pocos pasos.
3. **Definir la línea visual**: colores y tipografías acordes a la imagen del restaurante.

Prototipado:

• Comenzamos con sketches de baja fidelidad en papel, para determinar qué elementos irán en la página de inicio (banner, botones destacados, breve descripción), cómo se mostrará el menú (lista de platos con precios, posible categoría de entradas, platos principales y postres), y cómo será el formulario de reserva (fechas y horas disponibles, número de comensales, campo de contacto).

• Se pasa a wireframes más formales (por ejemplo, en Figma). Cada sección se define con su esqueleto básico: menús, banners, formularios.

• Finalmente, se produce un prototipo de alta fidelidad con los colores definitivos (quizás un tono burdeos que evoque la gastronomía, tipografía elegante, etc.) y enlaces simulados para testear el flujo de "Reservar" antes de programarlo.

La validación inicial con usuarios potenciales confirma si encuentran con facilidad la sección de reservas y si entienden rápidamente la carta. También se anota feedback como "Sería útil un buscador de platos" o "El mapa debería verse más grande".

9.1.2. Implementación con HTML, CSS y JavaScript

Estructura del proyecto:

- **index.html**: Contiene la estructura principal (header con menú de navegación, sección principal, footer).

- **carta.html**, **reservas.html**, **contacto.html**: Subpáginas específicas, aunque parte de la información podría generarse dinámicamente con JavaScript en un solo archivo, dependiendo de la arquitectura elegida (sitio multi-página vs. single-page approach).

- **styles.css**: Encargado de la presentación. Se aplican estilos responsivos, usando *media queries* para que la Web sea cómoda de ver tanto en pantallas de escritorio como en móviles.

- **script.js**: Contiene la lógica para interacciones: despliegue de menús, validación del formulario, animaciones sencillas.

Puntos clave en la codificación:

- Uso de **etiquetas semánticas** de HTML5: <header>, <section>, <nav>, <footer> para mejorar la accesibilidad y la organización interna.

- Creación de **clases y selectores CSS** claros (por ejemplo, .carta-plato para un bloque que represente un plato de la carta).

- Integración de **JavaScript** para:

  - Validar el formulario de reservas (asegurarse de que se seleccione fecha y hora, comprobar el formato de email o teléfono).

  - Mostrar mensajes de confirmación: si el usuario reserva con éxito, un popup o una sección emergente indica "Reserva efectuada".

  - Efectos de scroll suave a las distintas secciones cuando el usuario hace clic en el menú.

Pruebas:
- Se ejecutan en distintos navegadores (Chrome, Firefox, Safari) y en dispositivos con tamaños variados de pantalla, garantizando la coherencia responsiva y la velocidad de carga.
- Se pasa un validador de HTML/CSS para detectar posibles errores de sintaxis, y se hacen pruebas de usabilidad con un pequeño grupo de personas: ¿Hallan la sección de reservas rápido? ¿Saben cómo volver a la pantalla inicial?

Despliegue:
- Podría realizarse en un servicio de hosting estático (ej. GitHub Pages, Netlify) o en un servidor Web. Se configuran rutinas de CI (con GitHub Actions, por ejemplo) para que, al hacer *push* en la rama principal, se construya y despliegue la versión actualizada.

9.2. Desarrollo de una pequeña aplicación móvil

Este segundo ejemplo versa sobre la creación de una **app móvil**, ilustrando la definición de un **flujo de navegación** y el uso de librerías o frameworks básicos para su rápida implementación.

9.2.1. Flujo de navegación y pantallas clave

Idea del proyecto: Un **ToDo List** (lista de tareas) para Android e iOS, con las siguientes características:
- Pantalla de bienvenida que ofrece registro o inicio de sesión (para sincronizar tareas entre dispositivos).

- Lista principal de tareas con posibilidad de marcarlas como completadas.
- Pantalla de detalles para editar o borrar una tarea.
- Opcional: notificaciones push cuando se acerca la fecha límite de una tarea.

Diseño preliminar:
- Se definen 4 pantallas: "Login", "Lista de tareas" (Home), "Detalle de tarea", "Perfil/Ajustes".
- Bocetos a baja fidelidad en papel para ver cómo se dispondrá el formulario de login.
- Un prototipo de alta fidelidad en Figma donde se establecen tamaños de botón, tipografías y colores. Se cuida la navegación táctil: la pantalla de "Lista de tareas" tiene un botón flotante para agregar nueva tarea, y cada tarea se puede deslizar para borrarla.

9.2.2. Uso de librerías o frameworks básicos

Selección tecnológica:
- **React Native** como framework híbrido: codificar una sola vez en JavaScript/TypeScript y compilar para Android e iOS.
- **Alternativa nativa:** Para un ejemplo breve, quizás bastaría con Android Studio y Kotlin, o Xcode y Swift. Pero React Native ilustra la ventaja de llegar a ambas plataformas más rápido.

Implementación:
- Creación de un proyecto en React Native: npx react-native init MyToDoApp.
- Estructura de carpetas:

- App.js (o App.tsx): punto de entrada que define el enrutamiento con librerías como React Navigation (por ejemplo, un stack navigator con pantallas para "Login", "Home", "TaskDetail").
- screens/Login.js, screens/Home.js, screens/TaskDetail.js: componentes que representan cada pantalla.
- components/TaskItem.js: un componente para mostrar una tarea individual y manejar sus acciones (marcar completada, eliminar).

- Se define un **estado global** (usando Context API o Redux si fuera más complejo) para almacenar las tareas, permitiendo añadir, editar y sincronizar con un backend ligero (o localmente con AsyncStorage).

Pruebas y optimización:
- Se ejecuta la app en un emulador Android e iOS, o en dispositivos físicos.
- Se validan los gestos: pulsar largo para abrir opciones, o swipe para borrar.
- Se comprueba que el diseño sea adaptable a diversas resoluciones de pantalla, aplicando *flexbox* y directrices responsive (React Native facilita adaptaciones según la densidad de píxeles).

Distribución:
- Si se decide publicar en Google Play y App Store, se generan las versiones firmadas (.apk o .aab para Android, .ipa para iOS). Se configuran cuentas de desarrollador en ambas tiendas.
- A nivel interno, se puede automatizar la integración continua con herramientas como *GitHub Actions*, que compile la app en cada *push* y realice tests de interfaz usando Appium (para React Native) o servicios especializados.

9.3. Accesibilidad aplicada a un proyecto real

El tercer caso ejemplifica cómo incorporar **accesibilidad** de forma concreta en un proyecto, subrayando el etiquetado correcto en HTML y las validaciones de contraste o adaptaciones específicas para usuarios con distintas capacidades.

9.3.1. Ejemplos de etiquetado correcto en HTML

Pensemos en un formulario de suscripción a una newsletter que figure en la página principal de un blog. Para hacerlo accesible:

- **Uso de la etiqueta <label>**: Cada campo debe tener una etiqueta enlazada al id correspondiente.

```
<form>
<label for="email-input">Introduce tu co-
rreo electrónico:</label>
<input type="email" id="email-input"
name="email" required>
<button type="submit">Suscribirme</button>
</form>
```

De este modo, los lectores de pantalla pueden anunciar la etiqueta junto con el campo.

- **Atributos alt en imágenes**:
  Si hay un banner con el logotipo, el alt="Logotipo del blog" describe la imagen a quienes no pueden verla. Si se trata de un elemento meramente decorativo, se puede dejar alt="".

- **Roles y propiedades ARIA:**
Si existe un carrusel de imágenes con flechas para avanzar, se pueden añadir roles ARIA (role="button", aria-label="Siguiente imagen") para clarificar la interacción a un usuario de lector de pantalla.

9.3.2. Validaciones de contraste y adaptaciones

- **Contraste de color:**
Herramientas como el *Color Contrast Checker* de WebAIM o plugins en Figma devuelven una puntuación según las pautas WCAG. Se requiere, por ejemplo, un ratio de 4.5:1 para texto normal y 3:1 para texto grande, asegurando legibilidad frente al fondo.

- **Adaptaciones en el diseño:**
  - Permitir que la tipografía aumente sin romper el layout. Si un usuario amplía el texto al 200%, la estructura debe reacomodarse y seguir siendo utilizable.
  - Garantizar que acciones críticas no dependan exclusivamente de gestos complicados (por ejemplo, "arrastrar con tres dedos"). Debe haber alternativas accesibles para usuarios con movilidad reducida.

- **Comprobaciones con lectores de pantalla:**
  - Se prueba en VoiceOver (iOS) o TalkBack (Android) para apps móviles, y en NVDA o JAWS en escritorio. Esto confirma que los textos se anuncien y que los botones estén etiquetados correctamente.

- En caso de ver problemas (botones que se nombran como "botón sin nombre"), se corrige añadiendo aria-label o android:contentDescription/ iOS accessibilityLabel.

Estos pasos garantizan que un porcentaje mayor de la población (personas con discapacidad visual, auditiva o motora, o incluso usuarios con conexiones lentas) pueda interactuar con la aplicación. De esta manera, se cumple con las directrices legales y se eleva la calidad del producto a un rango más inclusivo.

9.4. **Conclusiones**

Los **ejemplos prácticos** expuestos muestran cómo cada sección de un proyecto real —desde la definición de requerimientos y el prototipado hasta la incorporación de accesibilidad y la implementación final— se nutre de los principios y técnicas abordados en los capítulos previos. Al construir una interfaz Web completa, se ve cómo la planeación de secciones, el boceto inicial y la codificación en HTML, CSS y JavaScript convergen para formar una experiencia de usuario coherente. En la pequeña aplicación móvil, aflora la importancia de un flujo de navegación sencillo, la elección adecuada de librerías y la verificación en entornos simulados. Finalmente, la accesibilidad concreta refleja la responsabilidad de etiquetar elementos y cuidar el contraste, siempre apoyándose en estándares y pautas (WCAG) que aseguren que nadie se quede fuera de la interacción.

Estos casos de uso demuestran que, independientemente de la plataforma (Web o móvil) o la magnitud del proyecto, **una metodología clara** —que combine diseño centrado en el usuario, buenas prácticas de codificación, testing y accesibilidad— se traduce en productos de mayor calidad. A lo largo de la obra, se han expuesto los fundamentos para desarrollar interfaces robustas y usables, consolidando la idea de que un enfoque iterativo, con fuerte énfasis en la experiencia de usuario y en la colaboración dentro del equipo, redunda en un mayor éxito y satisfacción de los clientes finales. Con estas bases, cualquier profesional del desarrollo de interfaces estará preparado para afrontar retos en proyectos variados, integrando diseño, experiencia y tecnología en una sinergia eficaz.

Capítulo 10.

Tendencias futuras en desarrollo de interfaces

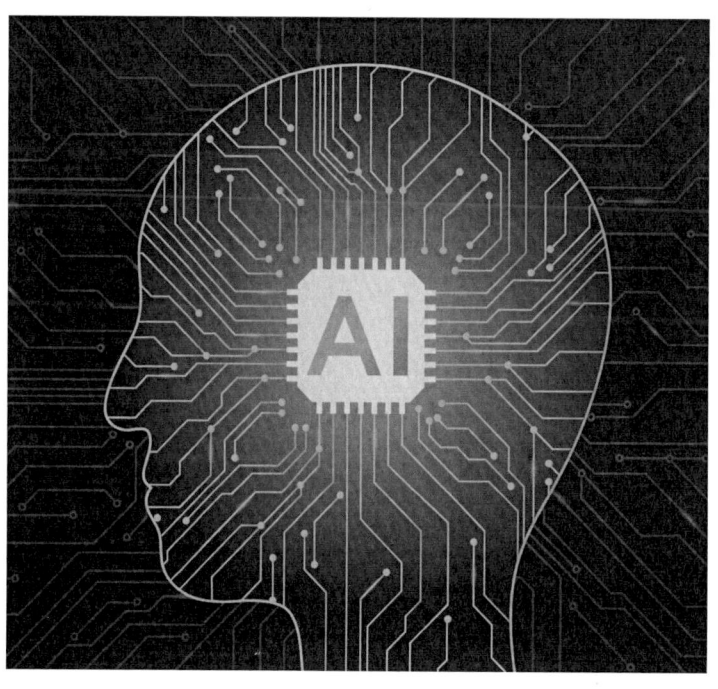

El diseño y la implementación de interfaces se encuentran en constante transformación, impulsados por el surgimiento de nuevas tecnologías y la demanda de experiencias más inmersivas. En un futuro cercano, la **voz**, la **realidad aumentada** y la **inteligencia artificial** ganarán protagonismo, redefiniendo la relación entre el usuario y el sistema. Este capítulo explora dichas tendencias y reflexiona acerca de los retos y oportunidades que se vislumbran en el sector, particularmente relevantes para profesionales del ámbito de Sistemas Microinformáticos y Redes (SMR).

10.1. Interfaces de voz y realidad aumentada

10.1.1. Altavoces inteligentes y asistentes virtuales

El auge de **interfaces de voz** (VUI, *Voice User Interfaces*) se ha visto reforzado por la popularidad de altavoces inteligentes como Amazon Echo (Alexa), Google Nest (Google Assistant) o Apple HomePod (Siri). Estos dispositivos ya no se limitan a reproducir música o responder a preguntas sencillas, sino que ofrecen la posibilidad de **controlar sistemas enteros** (la iluminación del hogar, la temperatura, la agenda personal), lo cual sitúa la voz como método natural de interacción.

Para diseñar VUI efectivas, es esencial comprender las particularidades del canal oral:

1. **Diálogos y contextos:** Las interacciones son conversacionales, por lo que la aplicación debe anticipar diferentes maneras de formular la misma petición y

responder con mensajes claros, evitando abusar de información que sature al usuario.

2. **Feedback inmediato:** A falta de elementos visuales, la voz debe dar señales que confirmen que se ha entendido la orden o que se está procesando la petición.

3. **Personalización:** Reconocer al usuario (por su timbre de voz o su cuenta personal) para ofrecer resultados ajustados a su historial y preferencias.

Estos asistentes se integran con servicios en la nube, lo que sugiere un fuerte protagonismo de la infraestructura de redes y protocolos seguros. Los profesionales de SMR desempeñan un rol crucial al establecer plataformas estables y de baja latencia que garanticen respuestas fluidas.

10.1.2. Principios básicos de AR y VR aplicados a la UX

La **Realidad Aumentada (AR)** y la **Realidad Virtual (VR)** se ubican en la frontera de la interacción humano-computadora, abriendo la puerta a experiencias inmersivas. En AR, elementos digitales se superponen al mundo físico visto a través de la cámara del dispositivo (teléfono, gafas, etc.), mientras que la VR recrea entornos totalmente simulados.

- **Accesibilidad y ergonomía:** Al desarrollar interfaces AR, es indispensable considerar la **alineación visual**, la **estabilidad del tracking** (para evitar mareos o desorientación) y la **colocación de elementos** de forma que no obstruyan la visión real.

- **Control gestual:** Pasar de clics en pantalla a gestos en el aire requiere diseñar interacciones intuitivas, donde el usuario reconozca en qué punto "tocar" o "manipular" un objeto virtual.

- **Nuevas metáforas de navegación**: En VR, menús flotantes y paneles interactivos deben situarse en lugares cómodos para la vista y el alcance del usuario. El reto radica en que la metáfora de "ventanas e iconos" pierde sentido; se abren oportunidades para entornos tridimensionales y controles mediante movimiento corporal.

Más allá de las aplicaciones lúdicas (videojuegos) o de marketing, se vislumbran usos prácticos en entornos industriales, educativos o de asistencia remota. Para el profesional de SMR, surgen retos de **ancho de banda** y latencia, ya que la transmisión de gráficos de alta resolución y la sincronización en tiempo real demandan conexiones robustas y optimización de redes.

10.2. Uso de inteligencia artificial para mejorar la ux

10.2.1. Herramientas de diseño generativo

La **inteligencia artificial (IA)** se ha introducido en el mundo del diseño y desarrollo de interfaces, no solo como motor de recomendación en sitios de e-commerce o de contenidos, sino también en fases tempranas de creación. Mediante técnicas de **diseño generativo**, los algoritmos pueden sugerir disposiciones óptimas de elementos en la pantalla, paletas de colores coherentes o patrones de navegación basados en datos estadísticos y heurísticas de usabilidad.

- **Asistentes de prototipado**: Algunos sistemas pueden analizar la estructura deseada (por ejemplo, "quiero una pantalla de login" o "una pantalla de catálogo") y generar un wireframe prediseñado que el diseñador ajusta con su toque creativo.

• **Optimización continua**: Al rastrear el comportamiento de miles de usuarios en tiempo real, la IA propone iteraciones en la interfaz (cambios en el layout o el color de un botón) para mejorar métricas de conversión o satisfacción.

Si bien estos enfoques no sustituyen la visión y la experiencia humana, **aceleran** el proceso de validación de ideas y **aportan** una base de datos que respalde las decisiones de diseño, potenciando la eficiencia de los equipos de desarrollo.

10.2.2. Personalización de la experiencia

Asimismo, la IA facilita la **personalización**: la interfaz se adapta a cada usuario según su comportamiento, sus preferencias y su historial. Ejemplos:

1. **Sistemas de recomendación**: En un sitio de streaming, se ajusta la pantalla de inicio con los géneros o categorías que más interesen a cada persona.

2. **Asistente proactivo**: La aplicación sugiere acciones basadas en la localización o el calendario ("parece que tienes un viaje programado, ¿deseas ver el clima o solicitar un taxi?").

3. **Ajustes de accesibilidad dinámicos**: Detectar si el usuario tiene dificultades visuales (por ejemplo, patrones de interacción que indiquen que necesita más tiempo) y adaptar el tamaño de fuente o el contraste de manera automática.

Estas funciones implican grandes volúmenes de datos y mecanismos de *machine learning*. Para el ámbito de SMR, la articulación de sistemas que gestionen eficazmente la transferencia y el almacenamiento seguro de datos, así como la baja latencia en las respuestas, constituye un campo con crecientes oportunidades de especialización.

10.3. Reflexión sobre la evolución del sector

10.3.1. Retos emergentes

La convergencia de tecnologías como la voz, la realidad aumentada, la inteligencia artificial y la conectividad 5G/6G supone **nuevos desafíos**:

- **Privacidad y ética**: La recolección masiva de datos para mejorar la personalización suscita preocupaciones sobre el uso indebido y la transparencia. Las interfaces deben ser claras acerca de qué datos recogen y para qué fines.

- **Diseño inclusivo**: Conforme se diversifican los métodos de interacción (voz, gestos, VR), se corre el riesgo de dejar atrás a usuarios con discapacidades específicas o contextos limitantes. Apostar por la accesibilidad y la compatibilidad con dispositivos básicos seguirá siendo crucial.

- **Adaptación de infraestructuras**: Para AR/VR y aplicaciones en tiempo real, se necesita aumentar la capacidad de las redes y optimizar la infraestructura para brindar latencias mínimas.

10.3.2. Oportunidades de profesionalización en el ámbito SMR

En este panorama, quienes se dedican a **Sistemas Microinformáticos y Redes** hallan nuevas vías de crecimiento:

1. **Especialistas en entornos de voz**: Configurar y mantener servicios de back-end que procesen lenguaje natural, garantizar la integración con sistemas de red y bases de datos de forma segura y estable.

2. **Soporte de infraestructuras AR/VR**: Desplegar y escalar plataformas capaces de servir contenido 3D con baja latencia; administrar anchos de banda para experiencias inmersivas.

3. **IA y edge computing**: Implementar soluciones que procesen datos cercanos al usuario para reducir la dependencia de la nube, favoreciendo respuestas inmediatas y reduciendo costos de transmisión.

El sector evoluciona a gran velocidad, y esta modernización se traducirá en mayores exigencias de **formación continua**. Los profesionales que se capaciten en estas tendencias, combinando los conocimientos clásicos de redes y sistemas con la gestión de plataformas de IA y nuevas interfaces, serán altamente valorados y tendrán una posición privilegiada en proyectos innovadores.

10.4. Conclusiones

La **voz**, la **realidad aumentada** y la **inteligencia artificial** se perfilan como ejes centrales de la evolución de interfaces en el corto y mediano plazo. Las ventajas de la interacción natural, la inmersión y la personalización ofrecen experiencias más humanas y atractivas, pero exigen al mismo tiempo nuevos paradigmas de diseño, consideraciones éticas y un dominio técnico cada vez más sofisticado.

En este contexto, el sector de SMR se ve beneficiado con oportunidades de especialización y responsabilidad en aspectos de rendimiento, seguridad y disponibilidad de los servicios que soportan dichas interfaces. Mientras la tecnología avanza, la búsqueda de soluciones inclusivas y sostenibles será un punto focal para el éxito de estas tendencias. Con ello, culmina esta guía, subrayando que la clave del futuro en el desarrollo de interfaces radica en la combinación de creatividad, empatía hacia el usuario y un fuerte soporte tecnológico que haga realidad entornos digitales enriquecidos y accesibles para todos.

Referencias bibliográficas y webgráficas

ANGULAR DOCUMENTATION. (N.D.). https://angular.io/docs

Portal oficial con tutoriales y referencias sobre Angular, framework TypeScript para aplicaciones escalables y estructuradas.

APPLE. (N.D.). *Human Interface Guidelines*. https://developer.apple.com/design/human-interface-guidelines/

Recopilación de las pautas de diseño y usabilidad de Apple para iOS, iPadOS, macOS, watchOS y tvOS, fundamentales al diseñar aplicaciones nativas para dispositivos Apple.

BOOTSTRAP. (N.D.). https://getbootstrap.com

Framework CSS popular para desarrollo ágil de interfaces responsivas, con componentes predefinidos y un sistema de rejillas.

BRADEANU, D. (2022). *Single Page Applications with React: The Complete Guide*. Self-published.

Obra práctica enfocada en la construcción de SPA con React, abarcando organización de proyectos, optimización de rendimiento y pruebas.

COX, B. (2021). *Mobile App Development with Kotlin*. Apress.

Cubre la creación de aplicaciones Android desde Android Studio, tratando diseño de interfaces nativas, manejo de vistas y optimización para diversos dispositivos.

CHAPMAN, C., & ELLIS, S. (2019). *Remote Usability Testing: Actionable Insights from Testing in the Wild*. Rosenfeld Media.

Guía de métodos y técnicas para realizar pruebas de usabilidad a distancia, incluyendo herramientas digitales y consejos para recopilar datos fiables.

FROST, B. (2016). *Atomic Design*. CreateSpace Independent Publishing Platform.

Presenta un enfoque modular para la construcción de interfaces, basado en la idea de componentes atómicos, moléculas y organismos reutilizables.

GAMIO, D., & GONZÁLEZ, F. (2019). *Prototyping Essentials in UX: Figma and Beyond*. Self-published.

Explica la transición de bocetos a prototipos interactivos empleando Figma y otras herramientas, resaltando el valor del feedback temprano.

GOOGLE. (N.D.). *Material Design Guidelines*.

https://material.io/design/

Lineamientos de diseño de Google para interfaces coherentes y accesibles, aplicables a Web y móvil.

ISO 9241-11:2018. (2018). *Ergonomics of human-system interaction – Part 11: Usability: Definitions and concepts.*

Norma internacional que define la usabilidad y sus criterios de medición en el desarrollo de interfaces.

INTERNATIONAL ORGANIZATION FOR STANDARDIZATION (ISO). (n.d.). *ISO/IEC 25010:2011 Systems and software engineering — Systems and software Quality Requirements and Evaluation (SQuaRE) — System and software quality models.*

Define modelos de calidad para sistemas y software, proporcionando criterios para evaluar aspectos como la eficiencia, la mantenibilidad y la usabilidad de las interfaces.

JAKOB NIELSEN & ROLF MOLICH'S HEURISTIC EVALUATION. (N.D.). *Nielsen Norman Group.* https://www.nngroup.com/articles/ten-usability-heuristics/

Explicación detallada de las 10 heurísticas de usabilidad formuladas por Nielsen y Molich, comúnmente usadas en evaluaciones de interfaces.

KRUG, S. (2014). *Don't Make Me Think, Revisited: A Common Sense Approach to Web Usability.* New Riders.

Referente conciso y práctico sobre usabilidad Web y diseño centrado en el usuario.

KNOT, D. (2022). *DevOps and CI/CD Pipelines with Jenkins and GitHub: A Practical Guide.* Self-published.

Enfoque práctico para integrar control de versiones (Git) e integración continua (Jenkins, GitHub Actions), cubriendo automatizaciones y despliegue, aplicables al desarrollo de interfaces.

Lynch, P. J., & Horton, S. (2016). *Web Style Guide: Foundations of User Experience Design* (4th ed.). Yale University Press.

Guía integral para la planificación y el desarrollo de sitios Web accesibles y usables, abarcando desde la arquitectura de la información hasta la maquetación en HTML/CSS.

Lee, T., & Lindley, C. (2020). *Vue.js in Action.* Manning Publications.

Manual detallado sobre la estructura y las características de Vue.js, ejemplificando cómo crear interfaces dinámicas y escalables.

Mozilla Developer Network (MDN). (n.d.). *HTML: HyperText Markup Language.*

https://developer.mozilla.org/docs/Web/HTML

Referencia oficial y actualizada para desarrolladores sobre la sintaxis y características de HTML5.

Material Design (Google). (n.d.). *Material Components.* https://material.io/components

Librerías y directrices para la implementación de los principios de Material Design en diversos entornos, ofreciendo componentes de interfaz listos para usar.

McFarland, D. S. (2018). *JavaScript & jQuery: The Missing Manual* (3rd ed.). O'Reilly Media.

Explica con ejemplos prácticos la manipulación del DOM, eventos y buenas prácticas al desarrollar interacciones con JavaScript en la Web.

Mandel, T. (1997). *The Elements of User Interface Design.* John Wiley & Sons.

Libro histórico que introduce bases de la interacción humano-computadora y principios que siguen vigentes en la elaboración de interfaces efectivas.

NORMAN, D. A. (2013). *The Design of Everyday Things* (Revised and Expanded Edition). MIT Press.

Obra fundamental sobre el diseño centrado en el usuario y la interacción humano-computadora, con principios aplicables a interfaces digitales.

NIELSEN, J. (1993). *Usability Engineering*. Morgan Kaufmann.

Presenta metodologías y principios de usabilidad, incluyendo heurísticas clave para la evaluación de interfaces.

REACT DOCUMENTATION. (N.D.). https://reactjs.org/docs/getting-started.html

Guía oficial para iniciarse en React, una de las librerías JavaScript más usadas en el desarrollo de interfaces dinámicas (SPA).

ROSENFELD, L., MORVILLE, P., & ARANGO, J. (2015). *Information Architecture: For the Web and Beyond* (4th ed.). O'Reilly Media.

Profundiza en la organización de la información, la estructuración de la navegación y la arquitectura de sitios e interfaces.

SMASHING MAGAZINE. (N.D.). *Guides and Tutorials on Responsive Web Design*. https://www.smashingmagazine.com/category/responsive-Web-design

Portal que ofrece artículos y guías sobre diseño responsive y prácticas recomendadas para una experiencia consistente en múltiples dispositivos.

SEMANTIC UI. (N.D.). https://semantic-ui.com

Framework CSS que implementa reglas semánticas y ofrece componentes listos, al igual que Bootstrap o Tailwind, para acelerar el desarrollo de front-end.

TAILWIND CSS. (N.D.). https://tailwindcss.com

Framework utility-first que facilita la construcción de interfaces personalizadas con clases de utilidad, abarcando diseño responsive y consistente.

W3C (WORLD WIDE WEB CONSORTIUM). (n.d.). *Web Content Accessibility Guidelines (WCAG)*.

https://www.w3.org/WAI/standards-guidelines/wcag/

Directrices oficiales sobre accesibilidad Web, fundamentales para el cumplimiento de normativas y buenas prácticas de diseño inclusivo.

W3C. (N.D.). *CSS Specifications*.

https://www.w3.org/Style/CSS/specs

Página oficial que recopila las distintas recomendaciones y borradores de especificaciones CSS, esenciales para comprender el diseño responsivo y la compatibilidad Web.

W3C. (N.D.). *Internationalization (I18n)*. https://www.w3.org/International/

Recomendaciones para el desarrollo de interfaces Web multilingües, abordando codificaciones de caracteres, formatos de fecha y adaptación cultural.